보일 아저씨네 유리 온실

한정영 글 | 김고은 그림 | 강대훈 도움글

주니어김영사

작가의 말

우리를 숨 쉬게 하는 공기에
관심을 기울여 봐요!

　우리는 종종 '너무나 당연한 것'에는 고마움을 모르는 경우가 참 많습니다. 이를테면 항상 정성을 다해 우리를 돌봐 주는 부모님 사랑이 그렇습니다. 또 따사로운 봄의 햇살도 참 고마운 존재이지요. 겨우내 얼었던 땅을 녹여 주고 식물이 자라는 데에도 꼭 필요합니다.
　그러나 그토록 당연하다고 여기는 것이 어느 순간 사라졌을 때 우리는 그것의 소중함을 뼈아프게 느끼게 됩니다.
　'어느 날 태양이 사라진다면?' 하고 생각해 보세요. 세상은 암흑천지로 변할 것이고 식물도 자라지 않을 것이며 덩달아 동물들도 제대로 살 수 없을 거예요.
　공기 역시 우리가 고마움을 잘 모르는 것 중의 하나입니다. 갑자기 공기가 사라지면 무슨 일이 생길까요? 아주 끔찍한 일이 벌어지겠지요? 아니, 공기는 조금만 오염이 되어도 사람들에게 아주 치명적이랍니다. 요즘에도 한반도는 미세먼지나 황사가 심해져서 마스크를 써야 하는 날이 많아지고 있지요.

그것 말고도 화석 연료의 사용으로 공기 오염이 심각해지면서 극지방의 얼음이 녹아 해수면이 높아지고 있어요. 그 때문에 남태평양의 투발루라는 섬 사람들은 다른 나라로 이민을 떠나고 있지요.

그런데 우리가 공기에 대해서 진즉에 잘 알고 있었다면 어땠을까요? 잘 알다시피 공기 속에는 수많은 기체가 들어 있습니다. 숨 쉬는 데에 꼭 필요한 산소를 비롯해 수소, 질소, 이산화탄소, 암모니아 등등. 이 중 어떤 것은 우리에게 필요하지만 잘못 사용하면 위험한 것들도 있습니다. 이를테면 수소는 요즘 자동차의 연료로도 개발되고 있지만 폭발하면 아주 위험하지요. 암모니아 역시 연료로 쓰이기도 하지만 오존층을 파괴하여 지구를 따뜻하게 만드는 주범이기도 하지요.

아니, 그럴 게 아니라 미래에 무슨 일이 생겼는지 미리 달려가서 알아보면 어떨까요? 우리가 무심하게 지나쳤던 수많은 기체가 미래에 어떤 일을 만들어 내는지 주인공 한기를 따라 함께 가 보아요!

한정영

차례

작가의 말

우리를 숨 쉬게 하는 공기에 관심을 기울여 봐요! 4

방귀 이어달리기
- 바람은 눈에 보이지 않는 공기의 움직임 때문에 일어난다 • 8

악마의 음식과 사라진 이모
- 화석 연료를 사용할 때 발생하는 이산화탄소가 지구를 덥게 하는 원인이다 • 24

호수 위의 유리 온실
- 산소는 생물이 숨을 쉬는 데 필요하며 물질이 타는 것을 도와주는 기체이다 • 46

방귀 세금
- 온실 효과를 유도하는 메탄의 파괴력은 이산화탄소의 20배가 넘는다 • 64

도망쳐라, 도한기!
- 수소는 모든 동식물을 구성하는 성분 중 하나로 아주 가볍고 폭발성이 있다 • 84

하늘을 나는 풍선
- 열기구는 차가운 공기보다 따뜻한 공기가 위로 올라가려는 성질을 이용한 것이다 • 104

끝없는 탈출
- 압력이 높아지면 기체의 부피가 줄어들고 압력이 낮아지면 기체의 부피가 늘어난다 • 124

보일 아저씨 맞죠?
- 높은 곳에 오르면 귀 밖의 압력이 낮아지고 귀 안의 공기는 팽창해 고막을 밀어낸다 • 142

보일의 법칙을 발견한 보일은 어떤 사람일까? 158

독후활동지 172

방귀 이어달리기

• 바람은 눈에 보이지 않는
 공기의 움직임 때문에 일어난다 •

다시 한 번 엉덩이에 힘을 꽉 주었다. 그러고는 한기는 주문을 외듯 중얼거렸다.

'방귀야, 또 나오면 안 돼!'

힐끗 뒤를 돌아보았다. 별 모둠의 두 번째 선수인 민규가 제일 먼저 모퉁이를 돌아 이쪽을 향해 달려오고 있었다. 한기는 침을 꿀꺽 삼키고 어서 민규가 바통을 건네주기만을 기다렸다.

한기는 별 모둠의 세 번째 선수였다. 이어달리기만큼은 하지 않으려고 했지만 같은 모둠의 진우가 발을 다치는 바람에 어쩔 수 없이 뛰게 된 거였다.

솔직히 한기는 자신이 없었다. 달리기는 정말로 젬병이었다. 아니, 체육 시간에 하는 모든 게 싫었다. 남자아이들이 누구나 좋아하는 축구도 내키지 않았고 철봉에 매달리거나 선생님 호루라기 소리에 맞춰 하는 체조도 귀찮기만 했다. 조금만 움직여도 땀이 났고 몇 걸음 뛰기만 해도 숨이 탁탁 막혔다. 그나마 수영을 할 때는 참을 만했는데, 그것도 물에 몸을 담근 채 가만히 있을 때만 그랬다.

그래서 담임 선생님이 모둠 대항 이어달리기를 한다고 했을 때부터 '지면 어쩌지?' 하는 걱정 때문에 가슴이 마구 뛰었다. 그렇지 않아도 방금 전, 팔씨름 경기에서 다른 모둠 아이에게 졌던 터라 더욱 자신감이 없었다. 게다가 오늘따라 왜 이렇게 후텁지근한지 벌써 온몸이 땀으로 척척했다.

그나마 다행인 건 민규가 다른 모둠의 아이들을 한참이나 따돌린 채로 뛰어오고 있었다는 것이다. 있는 힘을 다해서 뛰면 그나마 꼴지는 면할 것 같았다.

아니, 꼭 그래야 했다. "한기야! 힘내!"라고 말하면서 새봄이가 지켜보고 있었으니까. 아까 팔씨름 할 때도 새봄이는 옆에서 응원을 하면서 부채질까지 해 주었다. 그래서 한기는 이번에 어금니를 꽉 물었다.

"별 모둠, 힘내라!"

"달 모둠, 어서 달려!"

아이들이 저마다 자기 모둠을 응원하는 소리가 들렸다. 한기는 엉덩이에 더 바싹 힘을 주었다. 그리고 허리를 조금 굽혀 달릴 준비를 했다. 다시 한 번 돌아보았을 때 민규가 예닐곱 발자국 뒤에 다다라 있었다.

잠시 후, 플라스틱 바통이 손에 닿는 느낌이 전해졌다.

"뛰어!"

민규가 소리를 빽 질렀다. 동시에 한기는 바통을 붙잡고 달렸다. 그런데 달리는 순간 방귀가 터지고 말았다.

"뿌아아앙!"

소리가 컸다. 그 바람에 한기는 제 풀에 놀라 멈칫거렸다. 그러느라 두 발이 꼬여서 넘어질 듯 비틀거리고 말았다.

'아차차!'

다행히 넘어지지는 않았지만 중심을 잡느라 그렇지 않아도 느린 걸음이 더 느려졌다. 어찌어찌하여 다시 달렸지만 다른 때보다 유독 살들이 출렁거렸다. 뱃살이 위아래로 흔들리는 게 느껴졌고 양쪽 허벅지 살끼리 부딪쳤다. 볼살마저 부르르 떨어 댔다. 온몸을 가득 덮고 있는 살들이 몸을 덮칠 기세였다.

'이래서 내가 안 뛴다고 했잖아!'

한기는 마음속으로 소리를 질렀다.

하지만 소용이 없었다. 이미 경주는 시작되었고 그렇게 오리처럼 뒤뚱거리는 사이에 한기는 달 모둠 민성이에게 따라잡히고 말았다. 모퉁이를 돌 때쯤에는 강 모둠의 찬혁이와 산 모둠의 종호까지 차례로 한기를 따돌리고 앞으로 훅 나가 버렸다.

심지어 종호란 녀석은 지나치면서 비웃기까지 했다.

"뚱보 거북이, 달려!"

그 말을 듣고, 생각 같아서는 쫓아가 등짝이라도 후려치고 싶었지만 그럴 수가 없었다. 한기는 이미 숨이 턱까지 차올라서 더 빨리 뛸 수가 없었다. 온몸을 허우적거리듯 앞으로 나아가 겨우 바통을 별 모둠의 네 번째 선수인 은광이에게 전달했다.

그리고 나서 지켜보았다. 은광이는 뽀얀 먼지를 일으키며 달렸지만 이미 다른 모둠과 너무 거리가 벌어져서 결국 별 모둠은 꼴찌를 하고 말았다.

"삐이이익!"

호루라기 소리가 들렸다. 흩어져 있던 아이들이 그쪽을 향해 모이기 시작했다.

"자, 오늘 체육 시간 1등은 달 모둠, 2등은 강 모둠, 3등은 산 모둠 그리고 별 모둠이 4등입니다!"

선생님이 소리를 높여 말했다. 그러자마자 아이들이 환호성을 질렀고 별 모둠 아이들이 한기에게 투덜거렸다.

"도한기! 너 때문에 졌잖아. 어떻게 할 거야?"

"야! 너 뭐야? 팔씨름도 지고 이어달리기도 지면 어떻게 해? 우리 모둠이 청소해야 하잖아."

한기는 고개를 들 수가 없었다. 얼굴이 붉어진 채로 아이들 눈치만 살폈다. 그때 바통을 넘겨주었던 민규가 다가와 큰 소리로 말했다.

"너, 내가 바톤 넘겨줄 때 방귀 뀌었지? 네가 무슨 로켓이냐? 방귀로 이어달리기 하는 거야? 냄새만 풍기고 꼴찌가 뭐야?"

그 말을 하자마자 주위의 아이들이 킥킥 대며 웃었다. 한기는 얼굴이 더 빨개졌다. 쥐구멍이라도 있으면 들어가고 싶은 심정이었다.

"자, 얼른 손 씻고 교실로 돌아가세요. 별 모둠은 청소 잊지 말고요. 특히 화장실 청소를 깨끗이 해야 해요."

그 말에 아이들은 쭈르르 교실로 향했다.

아이들의 뒤를 따라 한기도 걸었다. 비로소 고개를 살짝 들었다. 아이들 틈으로 긴 생머리를 나풀거리는 새봄의 뒷모습이 보였다.

'새봄이가 나 뛰는 모습을 다 지켜봤겠지? 혹시 방귀 소리도 들었을까? 휴! 그럼 방귀쟁이라고 놀릴 텐데……'

틀림없이 그럴 거였다. 아까 팔씨름 할 때도 힘을 주는 순간, 뿌아아앙! 으휴! 생각만 해도 창피했다. 그러기에 왜 급식은 안 먹고 햄버거 두 개에 찬 우유까지 두 잔이나 먹어 가지고!

한기는 숨을 길게 내쉬면서 터덜터덜 걸었다. 교실에 돌아왔을 때 다른 모둠 아이들은 책가방을 싸서 줄줄이 밖으로 나갔다. 별 모둠 아이들만 남아 있었다. 그런데 분위기가 이상했다. 여기저기 흩어져 있던 별 모둠 아이들이 하나둘씩 한기 주위로 모여들었다.

"야, 또한끼! 우리 모둠은 매번 너 때문에 꼴찌야."

"다른 모둠 아이들이 우리 모둠을 보고 뭐라는지 알아? 꼴찌 모둠이래!"

아이들이 소리를 높이자 교실이 쩌렁쩌렁 울렸다. 새봄이는 아무 말도 하지 않고 뒤에 서 있기만 했다. 하지만 오늘은 아이들을 말려 주지도 않았다.

마침내 민규가 한기의 어깨를 툭 쳤다.

"야! 너 다른 모둠으로 가 버리면 안 돼? 우린 너같이 뚱뚱한 돼지는 필요 없거든!"

"그래! 넌 우리 모둠에 있으나 마나 한 사람이야."

다른 아이들도 고개를 끄덕였다. 한기는 겁이 났다. 금방이라도 울음이 터질 것만 같았다.

그런데 그때였다.

"이 녀석들, 모둠끼리 힘을 합칠 생각은 안 하고 왜 한기만 나무라고 있는 거야?"

담임 선생님이었다. 그제야 한기 곁에 서 있던 아이들이 슬금슬금 뒤로 물러났다.

"한기 때문에 매일 경기에서 지잖아요."

"맞아요. 한기만 아니었으면 적어도 우리 모둠이 꼴찌는 안 했을 거란 말이에요."

아이들이 구시렁댔다.

"허허! 이 녀석들아. 아무리 그렇다고 하더라도 한기를 모둠에서 빼자고? 정말 그렇게 한기가 너희들에게 아무것도 아니야?"

"……?"

선생님의 언성이 높아지자 아이들은 아무 말도 하지 못했다. 그러자 선생님은 문득 책상에 있던 노트를 집어 들어 아이들을 향해 부채질을 해 주었다. 그런 모습을 보고 아이들이 어리둥절해 했다.

"이렇게 부채질을 하면 시원하지? 왜 시원한지 알아?"

"그야, 부채질을 하면 바람이 부니까……."

민규가 작은 소리로 대답하며 말끝을 흐렸다.

"맞아. 바람 때문이야. 그런데 **바람은 눈에 보이지 않는**

공기의 움직임 때문에 일어나지."

"……?"

"사람도 마찬가지야. 눈에 보이지 않는 듯하지만 제 역할을 든든히 잘 해내는 사람이 있어."

"네?"

"지난 쪽지 시험 때 별 모둠이 2등 했지? 그때 누구의 공이 컸는지 알아? 한기 점수가 제일 높았어. 그 덕분에 너희 모둠 평균이 2점이나 올랐고 산 모둠을 1점 차로 따돌렸단다."

다행히 선생님의 그 말에 아이들은 더 이상 아무 말도 하지 않았다. 선생님은 그걸 보고 책상 위의 책을 챙겨 교실을 나갔다.

"야, 도한기! 네가 화장실 청소해!"

민규는 그래도 뭔가 분이 안 풀렸다는 듯 소리쳤다.

하는 수 없었다. 한기는 화장실로 걸어갔다. 슬쩍 돌아보니 새봄이는 유리창을 닦고 있었다. 그런데 새봄이는 한기가 바로 옆을 지나가도 눈길조차 주지 않았다. 그래서 몇 걸음 더 걸어가 뒤를 돌아보았는데, 새봄이는 한기와 마주 보자마자 고개를 돌려 버렸다.

한기는 어깨를 축 늘어뜨리고 화장실로 들어갔다. 하지만 청소를 할 마음이 나지 않았다. 머릿속에서는 온갖 나쁜 생각만 떠돌았다.

'이제 새봄이는 두 번 다시 나를 쳐다보지도 않겠지? 하긴 별명도 '또한끼'에다가 방귀나 풍풍 뀌는 애를 누가 좋아하겠어? 쳇! 새봄이한테 잘 보이고 싶었는데, 이게 뭐람?'

그 생각을 하자 또 한숨이 나왔다.

한기는 새봄이를 좋아했다. 얼굴이 예뻐서 좋아한 것만은 아니었다. 지난달에 전학 온 새봄이는 반 아이들 중 유일하게 한기 편을 들어주곤 했다.

"야! 또 한 끼야? 오늘은 몇 끼째야?"

아이들은 한기가 뭘 먹을 때마다 그렇게 놀렸다. '도한기'라는 이름을 '또한끼'라고 부르며 재밌어 했다. 그런 아이들을 새봄이가 나무랐다.

"너희들 너무하는 것 아니니? 왜 먹는 걸 가지고 놀려? 그건 너무 비겁하지 않아? 친구라면 오히려 걱정해 주고 충고해 주는 게 맞잖아."

한기는 그 말이 너무나 고마웠고 착한 마음씨를 가진 새봄이를 좋아하지 않을 수 없었다. 물론 새봄이가 '그래도 살을 좀 빼면 좋겠어. 그럼 더 멋질 텐데.'라는 말을 해서 좀 아쉽긴 했지만, 그런 말조차도 처음 해 준 사람이 새봄이었다.

그래서 새봄이의 충고대로 빵 하나, 치킨 한 조각이라도 덜 먹으려 했다. 물론 풍선처럼 부풀어 오른 살이 그거 한두 개 안 먹는다고 금방 빠지지는 않았다.

'하! 그런데 오늘은 왜 그랬을까? 학교 앞 가게에 새로운 햄버거가 출시되었다는 전단지만 보지 않았다면……?'

이런저런 생각을 하다 보니 시간만 흘러갔다. 청소는커녕 빗자루를 드는 것도 싫었다.

한기는 화장실에서 나와 교실로 갔다. 어느새 교실에는 아무도 남아 있지 않았다. 한기는 가방을 챙겨 집으로 향했.

가는 길에 공연히 땅을 차고 입속으로 연신 투덜거렸다. 오늘따라 햇볕도 쨍쨍 내리쬐어서 덥기는 또 얼마나 더운지…….

그 즈음이었다. 주머니에 넣어 둔 전화기가 부르르 떨었다. 한기는 얼른 전화기를 꺼내 들었다. 이모에게서 온 전화였다. 그것도 영상 통화로.

"와! 이모!"

한기는 전화기를 얼굴 높이로 쳐들며 소리쳤다. 전화기 화면에서는 이모가 손을 흔들었다. 그럴 때마다 이모의 손목에 감긴 가죽 끈 팔찌가 도드라져 보였다. 거기에는 은색의 눈 결정 모양 장식이 박혀 있었다.

"우아! 우리 예쁜 돼지, 집에 가는 거야? 그런데 왜 그동안 이모한테 전화 안 했어? 이모가 얼마나 보고 싶었는지 알아, 예쁜 돼지야?"

이모가 수다스럽게 말했다. 그런데 그 말에 한기는 기분이 상하고 말았다. 말끝마다 돼지라고 하는 것이 영 듣기가 거북했다.

"아, 씨! 됐어! 내가 왜 돼지야?"

한기는 소리를 꽥 질렀다.

"에구! 우리 예쁜 돼지, 화났어? 이모는 우리 한기가 너무 예뻐서 그러지."

"근데 왜 돼지라고 하냐고?"

"호호호! 참 곧 방학이지? 이모한테 올래? 응? 우리 돼지, 어때? 방학 때 여기 와서 지내면 살도 좀 빠지고……."

제일 좋아하는 이모까지 살 이야기를 하니 기분이 더 우울해졌다. 한기는 시무룩하게 전화를 끊었다. 그리고 다시 터덜터덜 걷기 시작했다.

악마의 음식과 사라진 이모

• 화석 연료를 사용할 때 발생하는
이산화탄소가 지구를 덥게 하는 원인이다 •

'내가 지금 잘하고 있는 건가?'

열차가 출발하자마자 한기는 고개를 갸웃거렸다. 이모가 몇 번이나 전화를 더 하고 엄마까지 재촉을 해 대는 바람에 열차에 탔지만 여전히 찜찜했다.

하지만 이제 와서 되돌릴 수는 없었다. 벌써 고속 열차는 출발해 버렸다. 잠시 사방을 둘러보는 사이 차창 밖으로 논밭이 보이고 산 그림자가 훅훅 지나갔다. 그러자 살짝 긴장이 되었다. 혼자 여행하는 게 처음이라서 더 그럴 거였다.

'이모가 역까지 마중 나온다고 했으니까 너무 염려하지 마!'

엄마의 그 말을 떠올리며 한기는 자신을 다독거렸다.

하지만 마음에는 여전히 미덥지 않은 구석이 있었다. 무엇보다 음식 때문에 그럴 거였다. 이모네 집에서는 서울에서 먹을 수 있는 것들을 하나도 먹을 수가 없었다. 햄버거, 아이스크림, 피자, 치킨, 모두!

언제부터였는지 모르지만 이모는 환경이라면 목을 매는 사람이 되었다. 북극곰이 죽어 가고 빙하가 녹는 건 다 우리 탓이라면서 환경 보호가 어떻고 지구 온난화가 어떻고 하는 말들을 입에 달고 살았다. 그러더니 매연이 가득한 도시에서 살기 싫다며 시골로 내려갔다.

엄마는 이모에게 '너도 서른이 넘었으니 결혼부터 해!'라고 잔소리를 해 댔지만 이모는 친구들 몇 명과 함께 산 중턱 어딘가에 공동체 마을을 만들겠다며 훌쩍 떠나 버렸다.

딱 한 번 찾아가 본 적이 있는 이모네 집은 주변 경관이 말할 수 없이 예뻤지만 피자며 치킨을 먹을 수 있는 곳이 단 한군데도 없었다.

그래서 징징거리면 이모는 '그런 음식을 많이 먹을수록 지구가 병들어!'라고 말했다. 그러더니 직접 만든 햄버거라고 내놓았는데······. 지금도 그 생각을 하면 끔찍하다. 빵 속에 채소만 잔뜩 들어 있고 조그만 패티는 무슨 식물성 고기라는데 맛이 하나도 없었다. 아무런 맛이 나지 않아서 '내가 지금 뭘 씹고 있는 걸까?'라는 생각만 계속 들었다. 그게 바로 재작년 여름의 일이었다.

"후유!"

한기는 자신도 모르게 한숨을 내쉬었다. 괜히 간다고 했나, 하는 생각마저 들었다. 그럼에도 불구하고 이모네 집을 가기로 결심한 건 새봄이 때문이었다.

방학 전날, 선생님이 말했다.

"자, 내일이면 방학이에요. 한 달 동안 서로 못 볼 테니 내일까지 짝꿍에게 바라는 점을 편지에 써서 전달해 보세요."

그래서 한기는 새봄이에게 '방학 때는 더 예뻐지고, 가족들이랑 재밌게 놀고, 공부도 많이 하고……' 따위의 내용이 담긴 편지를 썼다. 물론 새봄이도 한기에게 비슷한 내용을 쓰긴 했는데, 끝부분의 한 줄이 한기의 눈에 띄었다.

'네가 조금 더 살이 빠지고 튼튼해지면 정말로 멋질 거 같아! 기대할게!'

그래서 한기는 혼자서 다짐을 했다.

'그래, 꼭 살을 빼고 말 거야. 보란 듯이 살을 빼서 멋지게 새봄이 앞에 나타나야지!'

별별 생각을 다하며 흐뭇해 하고 있는데 이모에게 또 전화가 왔다.

"한기야, 이곳에 오면 우선 살찔 만한 음식이 없어서 너에게 도움이 될 거야. 그리고 주변이 다 산길이고 호수가 있으니까 운동하기에 좋고 공기도 좋아. 너 오면 이모가 특별히 수제 햄버거 만들어 줄게!"

이모의 말에 한기는 귀를 쫑긋 세웠다. 이모가 수제 햄버거를 만들어 주겠다고 한 말은 빼고 엄마에게 이모네 집에 가야 되는 이유를 말했다. 그러자 엄마는 잘 생각했다며 당장 고속 열차 승차권을 예매해 주었다.

'에휴! 모르겠다. 어떻게든 되겠지!'

한기는 그런 생각을 하면서 의자 등받이에 깊숙이 기댔다. 그러자 얼마 지나지 않아 잠이 스르르 쏟아졌다.

꿈속에서 한기는 살이 쪽 빠진 채 새봄이를 만났다.

무슨 놀이공원 같은 곳이었는데 둘이 분수대도 구경하고 캐릭터 상품도 보러 다녔다. 그러다가 아이스크림을 사 먹으며 회전목마도 타고 호박 마차도 탔다. 새봄이는 연신 깔깔 웃었고 그걸 보고 있는 한기도 기분이 좋아졌다. 귀신의 집에 들어갔을 때는 새봄이가 무섭다며 한기의 손을 꼭 잡고 놓지를 않았다. 그 행동 때문에 한기는 가슴이 두근대서 어쩔 줄을 몰랐다.

한 번도 타 본 적이 없는 롤러코스터도 탔다. 처음에는 무서웠다. 열차가 높은 곳에 이르렀다가 아래로 곤두박질칠 때는 오줌이 마려울 정도였다. 열차가 뒤집어져 달릴 때는 아예 눈을 꼭 감았다. 새봄이도 무서웠는지 비명을 질러 댔다. 너무나 짜릿해서 온몸에 전기가 오는 느낌도 들었다.

그런데 이상한 일이었다.

열차가 멈출 생각을 하지 않았다. 위아래로 몇 번이나 더 오르내리고 선로에 거꾸로 매달려 한참을 달린 뒤에도 열차는 서지 않았다. 오히려 더 가파른 내리막으로 곤두박질치거나 꽈배기처럼 뒤틀며 달리기도 했다. 그러다가 나중에는 주변의 풍경이 바뀌어 바다가 나오고 절벽이 나오더니 마침내 거대한 폭포가 있는 벼랑으로 떨어지기 시작했다.

"우아아아악!"

한기는 비명을 지르며 온몸을 버둥거렸다. 그리고 잠에서 깨어났다.

하지만 잠이 깬 뒤에도 열차는 여전히 덜컹거렸다. 귀를 찢을 듯한 소음도 들렸다.

"끼이이이익!"

　마침내 열차는 어딘가에 부딪친 듯 쿵 소리를 내면서 멈추었다. 그 때문에 한기의 몸이 앞으로 쏠렸고 잠시 후에 열차가 한쪽으로 기울어졌다. 궁금해서 밖을 내다보니 캄캄했다. 열차가 터널 안에 들어와 있는 듯했다.

　그러고 나서 얼마나 시간이 지났을까? 무슨 일인가 싶어 슬쩍 돌아보려는데 열차 안의 전등이 모두 꺼졌다. 순간 사방이 깜깜해졌다. 한기는 가슴이 철렁 내려앉았다.

사람들이 웅성대기 시작했다. 누군가는 막 소리를 지르고 있었다.

"어떻게 된 거야? 도대체 무슨 일이 일어난 거야?"

"불 켜! 아무것도 보이지 않아! 승무원은 어딜 간 거야?"

마침 그때 천장의 스피커에서 안내 방송이 흘러나왔다.

"승객 여러분, 지금 선로의 고장으로 열차가 긴급히 정차하였습니다. 모든 승객들은 비상문을 이용해 열차 밖으로 대피하여 주시기 바랍니다."

한기는 무서워졌다. 도대체 무슨 일이 생긴 걸까? 손에 막 땀이 나고 가슴이 뛰었다.

한기는 일단 안전벨트를 풀고 자리에서 일어났다. 그리고 나서 사람들을 따라 객실 복도를 걸었다. 잠시 후 한기는 열차 바깥으로 나올 수 있었다.

나와서 보니 열차는 살짝 옆으로 기운 채 터널 안에 멈추어져 있었다. 무슨 일인지 열차 뒤쪽에서는 뿌연 연기가 나고 있었.

다행히 앞쪽에 흰 빛이 보였다. 열차에서 내린 사람들이 그쪽을 향해 부지런히 걸어갔다.

"뭐지? 하필 이런 날 열차 사고가 나다니!"

한기는 투덜거리면서 터널 입구를 향해 걸어갔다. 자꾸만 나아가자 터널 끝이 보이기 시작하고 주변이 점점 환해졌다.

이윽고 터널의 끝이 나타났다. 한기는 반가운 마음으로 뛰어서 터널을 빠져나왔다.

선로는 앞으로 끝없이 이어져 있었고 선로의 오른쪽에 자그마한 마을이 보였다. 터널에서 빠져나온 사람들 대부분은 그쪽으로 걸어갔다. 한기도 그들의 뒤를 따랐다.

그런데 얼마쯤 걸었을까?

마을 입구에 거의 다다랐을 무렵이었다. 한기는 오래된 콘크리트 건물과 통나무로 만든 집이 뒤섞여 있는 모습이 좀 안 어울린다 싶어서 고개를 갸웃거렸다. 마을 사람들의 차림새도 대부분은 허름했다. 이상하게도 길 옆에는 망가진 자동차들이 녹이 슨 채 버려져 있었다. 그 외에는 지나다니는 자동차가 거의 없었다. 어느 시대인지 소가 달구지를 끄는 게 눈에 띄었다.

사람들이 오가는 틈에서 한기는 낯익은 얼굴을 발견했다. 다름 아닌 이모였다. 긴 머리를 뒤로 묶은 이모는 흰색 셔츠 차림이었다. 손에는 무언가를 들고 있었는데 진한 녹색 제복을 입은 세 사람과 이야기를 나누고 있는 듯했다.

"어라? 이모가 여기엔 무슨 일이지? 여기가 이모가 살던 동네였나?"

한기는 고개를 갸웃거렸다. 다시 한 번 사방을 둘러보았지만 기억이 잘 나지 않았다. 하지만 그게 중요한 건 아니었다. 이제 이모를 찾았으니까. 한기는 한시름 놓았다고 생각하고 이모가 있는 쪽으로 부지런히 걸었다.

그런데 조금 더 다가가 보니, 무언가 이상했다. 이모는 녹색 제복을 입은 사람들과 실랑이를 벌이는 듯했다. 곧이어 두 명의 제복 입은 남자가 양옆에서 이모의 팔을 붙잡았다. 그러고는 끌고 가기 시작했다. 이모는 안 끌려가려고 버둥댔지만 두 남자가 이모를 강제로 끌어 길 옆에 세워져 있는 승용차에 태웠다.

그러는 동안 주위에 서 있던 사람들은 구경만 할 뿐 아무도 끼어들지 않았다. 그저 웅성대기만 했고 몇몇 사람은 손가락질을 했다.

"안 돼! 나를 놓아줘!"

이모가 빨간 경광등이 반짝이는 자동차 안에서 소리를 질러 댔다. 도대체 무슨 일일까 싶어서 한기는 그쪽으로 후다닥 달려갔다.

"이모! 이모, 저 한기예요!"

한기는 달려가며 소리쳤다. 이모도 한기를 보았는지 더 큰 소리로 외쳤다.

"한기야! 이모 여깄어!"

한기가 예닐곱 걸음쯤 뛰었을 때 그 앞에서 누군가 막아섰다.

"쉿! 얘야, 여기서 이러면 안 된다. 위험해."

좀 마른 체격의 남자였는데, 파마를 한 건지 곱슬머리인지 구불구불한 머리가 귀 아래까지 치렁치렁했다. 입가에 수염이 거뭇하게 나 있었고 얼굴이 길쭉했다. 처음에는 수염 때문에 나이가 꽤 들어 보였지만, 가만히 보니 이모랑 비슷한 또래였다. 그 남자는 우스꽝스럽게 꽤 후텁지근한 날씨에도 회색 코트를 입고 있었다.

"네? 무슨 말씀이세요?"

"어서 이쪽으로……. 일단 피하고 보자꾸나."

그러더니 곱슬머리 아저씨는 다짜고짜 한기의 손목을 끌어당겼다. 생각보다 아저씨의 힘이 세었던지라 한기는 끌려가고 말았다. 그러는 사이, 이모가 탄 승용차는 출발해 어디론가 사라졌고 녹색 제복을 입은 남자 한 명이 이쪽으로 다가오고 있었다.

무슨 일인지 모르지만 한기는 겁이 났다. 곱슬머리 아저씨도 무서웠고 다가오는 녹색 제복의 남자도 무서웠다.

"빨리 걸어라! 어서! 뒤돌아보지 말고."

곱슬머리 아저씨가 더 세게 한기를 끌어당겼다. 한 건물의 모

퉁이를 돌고 나서는 거의 뛰다시피 걸었다. 한기는 어저씨의 발걸음을 따라잡느라 헉헉거렸다. 하지만 그걸 아는지 모르는지 곱슬머리 아저씨는 골목을 요리조리 피해 쉬지 않고 걸어갔다.

곧 이상한 생각이 들었다.

'도대체 나를 어디로 데려가는 걸까?'

얼결에 곱슬머리 아저씨를 따라나서긴 했지만 처음 보는 사람을 무작정 따라갈 수만은 없는 일이었다.

한기는 빨간색 대문이 있는 집 앞에서 걸음을 멈추었다. 그러고는 한꺼번에 질문을 쏟아 놓았다.

"헉헉! 나를 어디로 데려가는 거예요? 아저씨는 누구세요? 우리 이모는 어디로 간 거죠?"

"참 빨리도 묻는다. 보면 모르겠니? 네 이모는 녹색 감시단에 붙잡혀 간 거야."

"녹색 감시단이요? 그게 뭔데요? 경찰 같은 거예요?"

곱슬머리 아저씨의 대답에 한기는 되물었다.

"경찰……? 아, 옛날에 있었던 치안 기구를 말하는 것이로구나. 그것보다 훨씬 더 강력하고 무서운 권한을 가지고 있지. 녹색 감시단에 체포되면 웬만해서는 다시 나올 수 없어."

도대체 무슨 말을 하는 걸까? 이모가 왜?

"도대체 우리 이모가 뭘 잘못했기에 붙잡혀 갔다는 거죠?"

"악마의 음식 3호를 가지고 있었어. 그건 최고의 범죄 행위인 거야."

"그, 그게 뭔데요?"

처음 듣는 말에 한기는 더듬거리며 물었다.

"뭐긴! 두 겹의 빵 안에 야채와 고기를 넣은 건데……."

"혹시 햄버거 말인가요?"

"그렇지! 맞아! 옛날에는 햄버거라고 불렀다고 하더군."

"네에? 그게 악마의 음식 3호라고요? 그럼 악마의 음식 2호도 있어요?"

"있지. 2호는 닭 튀긴 것이지."

"치킨이요? 세상에!"

곱슬머리 아저씨의 말에 한기는 입을 쩍 벌렸다. 햄버거가 악마의 음식이라니? 치킨까지? 그런데 한기는 또 한 가지 의문스러운 게 있었다. 아저씨는 왜 자꾸 '옛날'이 어떻고 어땠다고 하는 걸까?

"넌 몰랐던 게냐? 그 햄버거란 건 말야. 금지된 음식이야. 그걸 먹는 건 물론이고 만들기만 해도 녹색 감시단에 체포된단다."

이번에도 곱슬머리 아저씨는 알 수 없는 소리를 하며 혀를 찼다. 한기는 기가 막혀서 말이 나오지 않았다.

'뭔가 이상해. 갑자기 열차 사고가 나고 이모가 붙잡혀 가더니……. 이모가 잡혀간 이유가 햄버거 때문이라니?'

그래서 한기는 다시 물었다.

"햄버거가 도대체 어쨌다는 거예요?"

"햄버거는 온실가스의 배출량이 많은 음식에 속하거든. 특히 그 안에 들어가는 소고기 패티 때문에 녹색 감시단에서 햄버거를 금지 음식 품목에 넣은 거야."

"……?"

"이를 테면 말이다. 패티를 만들기 위해서는 소를 키워야 하고 도축한 후에도 여러 차례 가공해야 하는데, 그러는 동안 지구 온난화의 주범인 온실가스를 많이 배출하게 된다는 뜻이지."

지구 온난화? 그 말은 이모로부터 수십 번도 더 들어 본 말이었다. 석유나 석탄 같은 화석 연료를 많이 사용하면 이산화탄소가 많이 발생하는데, 그것이 지구를 덥게 하는 원인이 된다고. 결국 빙하가 녹고 해수면이 높아지는 것도 그 탓이라는…….

한기는 얼른 대꾸했다.

"그건 알아요. 그걸 온실 효과라고 하잖아요."

"헛! 제법일세. 그런데 왜 모른 척해?"

"아니, 그게 아니고 제 말은……. 그보다 이모, 이모를 만나야겠어요. 저를 이모한테 데려가 주세요."

가만 생각해 보니 이모가 햄버거를 가지고 있던 건 자신 때문이었다. 그래서 한기는 녹색 감시단인지 뭔지 하는 사람들을 찾아가 해명이라도 해야겠다고 마음먹었다. 하지만 곱슬머리 아저씨는 고개를 저었다.

"이미 늦었단다. 녹색 감시단에 체포되면 그걸로 끝이야! 그리고 이젠 너까지 위험해. 저, 저길 봐라!"

곱슬머리 아저씨는 고개를 젓고는 방금 전에 걸어온 길 저편을 가리켰다. 그쪽에서 녹색 제복을 입은 사람 둘이 한기를 향해 걸어오고 있었다.

"자, 일단 뛰거라. 붙잡히면 너도 무사하지 못할 거야."

"그럼, 저희 이모는 어떻게 하고요? 이모를 구해야 할 거 아니에요?"

한기는 소리쳤다. 하지만 곱슬머리 아저씨는 대답도 하지 않고 다시 한기의 손을 잡아끌었다. 그러고는 바로 앞 빨간 대문을 박차고 들어갔다.

뜻밖에도 그곳은 빈집이었다. 마당은 부서진 벽돌과 막 자란 잡초로 어지러웠고 방으로 들어가는 현관문은 부서져서 반쪽만

햄버거 하나 만들 때 약 1.8kg의 온실가스가 나와요!

남아 있었다. 곱슬머리 아저씨는 재빨리 마당을 가로질러 집 뒤편으로 가더니 허물어진 담을 타고 넘었다. 한기도 아저씨를 따라 담을 넘었다. 그러자마자 억새가 깔린 들판이 나왔다.

그때쯤 뒤에서 외치는 소리가 들렸다.

"멈춰라!"

그 말을 듣자마자 한기는 덜컥 겁이 났다. 그 때문에 자신도 모르게 더 빨리 뛰었다.

한참 억새풀을 헤치고 가자 뜻밖에도 새파란 호수가 나타났다. 곱슬머리 아저씨는 새파란 호수를 향해 달려갔다.

'도대체 어디로 가는 걸까?'

달리면서도 한기는 궁금했다. 얼마 지나지 않아 호숫가에 작은 배 한 척이 놓여 있는 게 보였다. 곱슬머리 아저씨는 그리로 달려가더니 냉큼 배에 올라탔다. 그러더니 배 뒤쪽의 새까만 상자 옆에 놓인 빨간색 끈을 잡아당겼다. 그러자 부르릉 소리가 나며 시동이 걸렸다.

배는 모터보트 같았지만 무언가 허술했다. 시동을 거는 방법도 구식이었고 무엇보다 운전대가 없었다. 그 대신 곱슬머리 아저씨는 배 뒤쪽에 있는 나무 막대기를 이리저리 움직였다. 그것에 따라 배의 방향이 바뀌었다. 새까만 상자 위에 '보일호'라고 쓰여 있었다. 그게 이 배의 이름인가 싶었다.

배는 곧 호수의 한가운데를 향해 질주했다. 한기가 뒤돌아보니 녹색 제복을 입은 남자 둘이 호숫가에서 발을 동동 구르고 있었다.

호수 위의 유리 온실

- 산소는 생물이 숨을 쉬는 데 필요하며 물질이 타는 것을 도와주는 기체이다.

배는 산모퉁이 하나를 돌아 작은 섬에 도착했다. 멀리서 보면 무인도 같았는데 섬 한가운데는 커다란 피라미드가 햇볕을 받아 반짝거리고 있었다. 무얼까 싶어서 한기가 조금 더 다가가서 보니 유리로 된 집이었다. 식물원 같기도 해서 기웃거리고 있는데 출입구 한쪽에 삐뚤빼뚤한 글씨가 쓰여 있었다.

보일의 유리 온실

"그래. 내 이름이 보일이다. 네 이름은 뭐지?"

글씨를 읽고 있는 걸 눈치챘는지 곱슬머리 아저씨가 물었다.

"저는 도한기예요. 그나저나 아저씨는 뭐 하시는 분이에요?"

"또 한 끼? 그러고 보니 밥 먹을 시간이구나."

한기의 질문에는 아랑곳하지 않고 보일 아저씨가 말했다. 그 말을 듣자마자 한기는 기분이 언짢아졌다. 아이들한테도 놀림을 받는 별명인데 이런 이상한 곳에까지 와서도 듣다니!

한기는 보일 아저씨를 따라 온실 안으로 들어갔다.

온실 안은 생각보다 넓었다. 가운데로 나 있는 통행로의 양편은 뜻밖에도 채소밭이었다. 선인장이나 야자수 같은 걸 떠올렸던 한기는 조금 실망했다.

가만히 살펴보니 오이와 호박도 있었고 고추와 파, 콩까지 심어져 있었다. 한쪽에는 옥수수가 곧게 자라 있었다. 보일 아저씨는 통로를 쭉 지나 더 안쪽으로 들어갔다. 끝 편에 출입구 하나가 더 나 있었고, 그 옆에 온갖 잡다한 물건들이 잔뜩 들어찬 방이 보였다. 구불구불한 파이프와 시계를 닮은 측정기, 톱과 망치는 물론 농기구들까지 뒤엉켜 널려 있었다.

"뒷문을 열고 나가면 자전거가 있을 게다. 가서 타거라."

방을 기웃거리는데 보일 아저씨가 또 뜬금없는 소리를 했다. 그래서 한기는 대답하지 못하고 보일 아저씨의 얼굴을 빤히 쳐다보기만 했다. 난데없이 자전거를 타라니?

"뭘 하고 있는 게야? 어서 자전거를 타라니까! 그래야 또 한 끼를 먹을 것 아니냐?"

한기는 이름을 괜히 가르쳐 주었나 싶었다. 아니, 그게 중요한 게 아니었다. 왜 자꾸 힘들게 자전거를 타라는 걸까?

하는 수 없이 한기는 뒷문을 열고 밖으로 나왔다.

"어휴!"

밖에도 온갖 이상한 기구들이 잔뜩 널려 있었다. 커다란 풍선, 노란색으로 칠해진 물탱크, 언젠가 제주도에서 보았던 풍력 발전기를 닮은 풍차까지. 풍차보다 작은 자전거는 풍차 바로 아래에 네 대나 세워져 있었다.

그런데 이상했다. 자전거는 땅에 단단히 고정되어 있었다. 가까이 다가가 보니 바퀴 가운데에 굵은 전선이 연결되어 있었고 전선은 뒤편의 까만 철제 박스에 이어져 있었다.

"그래, 그거야. 3번 자전거를 타거라. 그래야 오븐에 빵을 구울 수 있으니까."

보일 아저씨가 온실의 창문 사이로 얼굴을 빼꼼 내밀고는 말했다.

"그럼 혹시……."

한기의 머릿속에 무슨 생각이 스쳤다. 보일 아저씨를 쳐다보니 아저씨가 씩 웃었다.

"그래, 자전거로 전기를 얻는 거야. 그 전기로 오븐을 작동시켜 또 한 끼를 먹을 수 있는 거란다. 자, 어서 서둘러."

한기는 뒤통수를 한 대 얻어맞은 기분이었다. 이게 뭐지? 게다가 왜 자꾸 또한끼라고 하는 거야?

한기는 일단 시키는 대로 자전거에 올라탔다. 그리고 페달을 밟았다. 바퀴가 돌아가자 방금 전 보았던 까만 철제 박스에 붙은 푸른 전구가 켜졌다.

일단 한기는 부지런히 자전거를 탔다. 바퀴가 '위이잉' 소리를 내며 돌아갔고 초록 불이 더 밝아졌다.

하지만 금세 땀이 났다. 다리도 아팠다. 그래서 페달을 조금 천천히 돌리자 초록 불이 어두워졌다. 그러자마자 곧바로 보일 아저씨의 잔소리가 날아들었다.

"이 녀석아! 왜 게으름을 피우는 거야? 설익은 빵을 먹을 셈이냐? 어서 부지런히 페달을 돌리란 말이다!"

"어휴! 힘들단 말이에요."

한기는 자신도 모르게 대꾸했다.

"뭐? 겨우 그 정도 하고 힘들다고? 덩치는 산 만해 가지고 그

렇게도 허약하단 말이냐? 그래서 이모는 어떻게 구할 셈이냐?"

앗! 맞다, 이모! 한기는 잠시 잊고 있던 이모를 떠올렸다. 하지만 곧바로 좀 엉뚱하다는 생각이 들었다.

"참 나, 자전거 타는 거랑 이모랑 무슨 상관이 있다고 그래요? 아빠한테 전화하면 도와주실……."

한기는 자신도 모르게 짜증이 나서 목소리를 높였다. 그러다 문득 까맣게 잊고 있던 게 생각났다. 왜 진작 그 생각을 못했던 걸까?

한기는 자전거에서 내려와 휴대 전화를 꺼냈다. 그런데 이게 무슨 일일까? 휴대 전화기는 완전히 먹통이었다. 통화도 할 수 없었고 메시지도 보내지지 않았다. 아무리 이것저것 눌러 보아도 작동되는 게 하나도 없었다.

그때 뒤에서 웃음소리가 들렸다.

"푸하하! 50년 전에 쓰던 물건으로 뭘 하려는 게냐? 자전거 타기 싫어서 꾀부리는 게냐?"

"도대체 무슨 말을 하는 거예요? 50년 전이라니요?"

"말 그대로다. 올해가 2087년이니까……. 어이쿠! 50년이 훨씬 지났구나. 그땐 이 동네가 산골짜기였는데 말이다. 그런데 그런 골동품은 어디서 난 게냐?"

"그게 무슨……?"

한기는 보일 아저씨의 말을 알아들을 수 없었다. 올해가 2087년이라니? 그리고 이곳이 산골짜기였다고?

"정말 아무것도 모르는 거야?"

도리어 보일 아저씨가 고개를 갸웃거리면서 한기를 쳐다보았다. 한기도 아저씨를 마주 보았다. 잠깐 동안 서로 눈만 껌뻑거렸다.

잠시 후 보일 아저씨가 심각한 표정을 지었다. 한참이나 손을 턱에 괴고 제자리를 돌았다. 사방을 쳐다보기도 하고 실험실 같은 방 안으로 들어가더니 무언가를 막 뒤지기도 했다. 그리고는 고개를 끄덕거리면서 다시 바깥으로 나왔다.

보일 아저씨는 아까보다 차분한 목소리로 말했다.

"너는 아무래도 과거에서 온 아이인가 보구나. 음, 아니다. 일단 일이 이리 되었으니 내 말부터 들어 보거라."

거기까지 말하고 보일 아저씨는 침을 꿀꺽 삼켰다. 그런 다음 다시 말을 이었다.

"음, 이곳이 바닷물에 잠긴 지 20년이 더 됐단다. 바닷물이 들어차기 전에 이곳은 그저 산골짜기에 불과했지."

"바다라고요? 우리가 배를 타고 지나온 곳이 호수가 아니라 바다였어요?"

53

한기는 깜짝 놀라 되물었다.

"그래. 바닷물이야. 지구 온난화 때문에 해수면이 높아져서 이곳까지 물에 잠겼지. 그 탓에 내 집이 이렇게 섬이 된 거란다."

"세상에!"

"그뿐이 아니야. 비슷한 시기에 화석 연료가 고갈되었어. 그래서 전기를 마음대로 사용할 수 없게 되었고 전세계가 대정전 사태에 빠졌지. 자동차는 공공 기관에서밖에 사용할 수 없게 되었어. 통신소도 물에 잠겨서 휴대 전화기는 물론 유선 전화도 일부 지역에서만 쓸 수 있어."

"허억!"

한기는 숨이 탁 막히는 기분이었다. 보일 아저씨의 말을 도저히 믿을 수가 없었다.

"그럼 어떻게 살아요? 먹을 건요? 슈퍼는요? 햄버거나 피자는요? 치킨은요?"

한기는 생각나는 대로 막 뱉어냈다.

"허허! 그 녀석 악마의 음식 이야기만 하는구나. 아까 말하지 않았던가? 그것들을 만들 때 온실가스가 많이 발생한다고. 온실가스 때문에 지구 온난화가 가속화되어 온실가스 배출량이 많은 음식은 철저히 금지시키고 통제하고 있단다. 네 이모도 그래서 붙잡혀 간 것이고 말야."

"말도 안 돼요. 어떻게 내가 좋아하는 것들만……."

한기는 투덜거리며 말했다. 하지만 보일 아저씨는 한기가 그러든지 말든지 말을 이었다.

"네가 살이 찐 이유를 알겠구나, 쯧쯧. 아무튼 슈퍼 같은 건 이제 이런 작은 마을엔 없단다. 아주 큰 도시로 나가면 물건을 파는 상점이 있긴 하지만 그곳에서도 네가 좋아하는 음식을 구할 수는 없지. 스스로 가꾼 것으로 먹고 살아야 해."

"네?"

"아, 마을 아래로 가면 서로 가꾼 것을 바꾸어 먹을 수는 있지. 아까 치킨이라고 했냐? 튀긴 닭을 말하는 거지? 그건 해 줄 수 없다만 다른 닭 요리는 해 줄 수 있어. 얼마 전에 시내에 나가 내가 키운 채소와 닭 두 마리를 바꿔 왔거든. 하지만 닭 요리를 하려면 네가 자전거를 두 시간은 타야 할걸?"

"헉! 두 시간이나요?"

"그래! 그것도 쉬지 않고!"

"으아아악!"

한기는 자신도 모르게 소리를 질렀다. 자전거를 고작 10분 타고 힘들어 쓰러질 지경인데 두 시간을 타야 한다니! 갈수록 태

산이었다.

"그래도 해야 할 거야. 빵이라도 먹어야 하질 않겠느냐?"

"싫어요. 너무 힘들단 말이에요."

"아니야, 해야 해. 그래야 이모도 구하지."

"도대체 아까부터 제가 자전거 타는 거랑 이모랑 무슨 상관이 있다고 그러는 거예요? 네?"

"거 참! 정말 답답한 녀석이로구나. 내가 한 가지 물어보마. 물건을 사거나 여행을 하려면 무엇이 제일 먼저 필요하냐?"

"그, 그야 돈이지요."

"맞다. 하지만 이곳에서 돈은 필요가 없어. 다만 돈 대신 쓸 수 있는 게 있지. 바로 전기란다."

"설마 전기를 만들어 시장에 내다 판다는 건가요?"

"맞았어. 사람들에게 가장 필요한 건 에너지거든. 그 에너지를 여기에 담아 파는 거지."

보일 아저씨는 주머니에서 건전지처럼 생긴, 그러나 그보다 두세 배쯤 더 굵고 길쭉한 막대를 꺼냈다.

"그게 뭐죠?"

"축전지. 내 것은 특히 오래 사용할 수 있어서 인기가 좋아. 아무튼 이제 곧 여행을 떠나야 하니까 당분간 부지런히 자전거를 타야 할 게다."

"여행이라니요?"

"네 이모를 구해야지. 확신할 수는 없지만 네 이모가 어디로 붙잡혀 갔을지 대략 짐작은 간다."

"거기가 어딘데요?"

"블루 힐 시티란 곳이지. 그곳에 가면 아주 높다란 건물이 있는데 악마의 음식을 가지고 있다가 붙잡힌 범죄자들은 주로 그곳에 수용된단다."

한기는 더 이상 할 말이 없었다. 아니, 하고 싶지 않았다. 지금까지 일어난 일이 믿겨지지 않았다.

잘 달리던 고속 열차가 터널 안에서 갑자기 사고가 나고 그 터널에서 빠져나오자마자 이상한 마을로 들어섰다. 곧 눈앞에서 이모가 붙잡혀 가고 저 이상한 곱슬머리 아저씨를 만나고 쫓기고……. 으아악! 머리가 터질 지경이었다.

하지만 그래도 한 가지 궁금한 것은 있었다.

"그런데 아저씨는 뭐 하는 사람이에요?"

"참 빨리도 물어보는구나. 넌 덩치가 커서 모든 게 빠른 모양이구나."

한기는 그게 자신을 비꼬는 말이라는 것쯤은 얼마든지 알 수 있었다. 그래서 대꾸하지 않고 기다렸다. 그러자 잠시 후 보일 아저씨가 말을 이었다.

"지구를 지킨다!"

"네? 아저씨가 무슨 슈퍼맨이라도 돼요?"

"슈퍼맨? 그 흉측한 빨간 팬티를 바지 겉에 입고 다니는 친구 말이냐? 그 친구는 아주 옛날 영화 주인공일 뿐이지만 나는 정말로 지구를 구하려는 거야."

"어떻게요?"

보일 아저씨가 농담하듯 말하자 한기는 따지듯 되물었다.

"이걸 연구하지."

이번에는 또 무슨 엉뚱한 말을 하려는 걸까? 보일 아저씨는 허공을 손으로 휘저으며 말했다. 허공을 휘저은 손을 코로 가져가 냄새를 맡는 시늉까지 해 보였다. 한기는 보일 아저씨가 무얼 하려는지 궁금해서 쳐다보기만 했다.

잠시 후 보일 아저씨가 말했다.

"공기 말이다. 더 정확히는 공기 속에 들어 있는 여러 가지 기체를 말하는 것이지."

"기체요?"

"그래. 결국 지구가 이렇게 된 건 이산화탄소라는 기체 때문이

잖니? 그러니까 지구를 위해 기체를 조금 더 자세히 연구할 필요가 있어. 안 그러냐?"

보일 아저씨는 한기의 동의를 구하듯 말했다. 그래서 한기는 얼른 한마디했다.

"그럼, 아저씨도 우리 이모처럼 북극곰이 죽고 해수면이 높아진 일들이 인간의 잘못 때문이라는 거죠?"

"오! 맞았어. 네 이모가 그러시더냐? 네 이모는 정말 얼굴만 예쁜 줄 알았더니 마음씨도 아름다운 분이시구나?"

"네? 아저씨가 그걸 어떻게 알아요?"

"어? 아니, 뭐 그냥 그렇다는……. 어쨌든 넌 어서 자전거를 타거라."

왜인지는 알 수 없었지만 보일 아저씨는 말꼬리를 흐리더니 한기를 다시 재촉했다.

"후유! 힘들다니까요!"

"그 녀석 엄살이 아주 심하구나. 그럼 이것을 주지."

보일 아저씨가 새까만 박스 옆에 있던 또 다른 상자를 열더니 무언가를 꺼내 주었다. 마스크처럼 생긴 투명한 판이 달린 쭈글쭈글한 공기주머니였다. 한기는 일단 그것을 받아들었지만 고개를 갸웃거렸다.

"산소 드링크란다. 산소만 따로 모아 두었어."

"……?"

"알다시피 공기 중에는 수많은 기체가 섞여 있단다. 그중에서 두 번째로 많은 양을 차지하고 있는 것은 산소인데 **산소는 우리가 숨을 쉴 때 필요한 기체란다. 또 산소는 여러 가지 물질이 타는 것을 도와주기도 하지.** 한번 사용해 보거라. 투명한 판을 입에 바짝 대고 공을 쭈그러뜨려 봐."

보일 아저씨는 무슨 선생님처럼 말했다.

한기는 가만히 보일 아저씨를 쳐다보고 있다가 시키는 대로 공을 쭈그러뜨렸다. 그러자 맑은 공기가 입안으로 훅 몰려들었다. 아주 상쾌한 기분이 들었다. 말하자면 휴대용 산소 호흡기랄까? 편의점에서 예쁜 캔에 담아 팔던 것과 흡사했다. 물론 보일 아저씨의 것은 모양이 아주 엉망이었다.

별 수 없을 듯했다. 한기는 자전거 위로 다시 올라갔다. 빵이라도 구워 먹으려면 그 수밖에.

한기는 페달을 밟기 시작했다. 그 모습을 보고 보일 아저씨는 '힘내!'라고 말하듯 한쪽 손을 들고 주먹을 쥐어 보였다.

그런데 그때 한기는 보일 아저씨의 팔목에서 뜻밖의 물건을 보

았다. 가죽 끈으로 된 팔찌였다. 눈의 결정체 모양 장식이 있는 그것은 틀림없이 이모의 것과 똑같은 것이었다. 눈의 결정체 모양이 금색이라는 것만 달랐다.

'뭐지?'

한기는 고개를 갸웃거렸다. 하지만 그러는 사이 보일 아저씨는 유리 온실로 들어갔다.

방귀 세금

• 온실 효과를 유도하는 메탄의 파괴력은 이산화탄소의 20배가 넘는다 •

'내가 저 곱슬머리 아저씨랑 비슷한 또래였다면 머리통을 스무 번은 더 쥐어박았을 거야!'

한기는 그 생각을 하루에도 열 번은 더 했다. 오늘은 이미 그 곱절은 더 하고도 남을 거였다. 한기는 연신 자전거 페달을 돌리면서 주먹을 꼭 쥐었다.

그때 또 다시 보일 아저씨가 온실의 창문을 열고 외쳤다.

"3번!"

"으아아아아!"

보일 아저씨의 목소리를 듣자마자 한기는 괴성을 질렀다. 너무

짜증이 나서 미칠 것만 같았다. 하지만 그러면서도 한기는 2번 자전거에서 내려와 3번 자전거로 옮겨 탔다. 그러고는 다시 부리나케 페달을 밟기 시작했다.

도대체 오늘따라 왜 저리 더 극성스러운지 모를 일이었다. 아저씨는 아침부터 무슨 중요한 연구를 한다며 실험실에 들어가더니 한기에게 자전거를 번갈아 타게 했다.

"1번 자전거는 압력 측정 장치에 연결했어. 네가 자전거를 타게 되면 그 기계가 작동하지. 2번 자전거는 컴퓨터, 3번은 산소 발생 장치, 4번은 기체 분할 탱크에 연결했지. 그러니까 내가 타라는 자전거를 타야 해. 알았지? 이건 아주 중요한 거란다. 중간에 절대로 멈추면 안 돼!"

보일 아저씨는 한기가 알아듣지도 못할 소리를 하고는 실험실에 틀어박혔다. 그러고는 창문만 빼꼼 열고 소리만 질러 대는 게 벌써 몇 번째인지 모른다.

조금도 쉴 틈을 주지 않았다.

"2번! 아니아니, 1번!"

자전거를 타고 있으면 창문을 열고는 외쳤다.

"4번!"

한기는 자전거 페달을 돌리면서 별의 별 생각이 다 들었다.

'아무래도 나를 부려 먹으려고 데려온 것 같아. 그렇지 않고서야 어떻게 하루 종일 자전거만 타라는 거야? 게다가 맨날 풀만 먹으라고 하면서! 그래, 뭐 어차피 금지된 음식이라니까, 햄버거나 피자는 바라지도 않아. 하지만 아무리 그렇다고……. 아니지, 물고기를 먹긴 먹었지. 그것도 내가 직접 잡아서. 하, 계속 이렇게 살아야 하나? 그냥 여기서 탈출해 버릴까?'

이 생각 저 생각을 하고 있으니 그 생각이 또 꼬리를 물어 생각이 그치질 않았다.

처음 열흘쯤은 아무 생각도 없었다. 모든 일이 힘들기만 했다. 안하던 일을 하려니 자전거를 10분 타는 것도 힘에 겨웠다. 틈틈이 보일 아저씨를 따라 밭을 가꾸어야 했는데, 쪼그리고 앉아서 일하는 것도 못할 짓이었다. 호미며 낫 같은 걸 써 본 적이 없어 서툴렀다.

사나흘이 되었을 때는 온몸이 맞은 듯 안 아픈 데가 없었다. 기운도 차릴 수가 없었다. 매일 온실 안에서 자란 풀만 뜯어다가 먹으니 기운을 차리기는커녕 일어나 앉아 있기도 힘들었다.

그래서 넋 놓고 가만히 있으면 보일 아저씨가 재촉했다.

"자전거를 타야 밥을 먹을 것 아니냐?"

쳇! 고작 빵 한 쪼가리 주면서! 하지만 그거라도 먹어야 했기에 한기는 다리가 뻑뻑해질 때까지, 아니 아무런 감각이 없을 때까지 자전거 페달을 돌리곤 했다.

아저씨가 시키는 잔심부름도 만만치 않았다.

"이 섬 동서남북 네 곳에 해수면 측정 장치를 설치해 두었단다. 하루에 두 번씩 가서 수치를 기록해 오너라."

보일 아저씨의 말대로 섬 네 곳 끝자락 해안가에는 눈금이 촘촘하게 그려진 금속 막대가 세워져 있었다. 그런데 문제는 이 네 곳의 거리가 생각보다 만만치 않았다. 섬이 동서쪽으로 길쭉해서 오가는데 시간이 꽤 걸렸다. 뿐만 아니라 숲을 지나다닐 때는 부러진 나뭇가지를 주워가야 했다. 아저씨는 나뭇가지를 급할 때 땔감으로 쓴다고 했다.

아무튼 그렇게 수치를 기록해 가면 보일 아저씨는 혼잣말을 하곤 했다.

"음! 다행히 해수면이 더 이상은 높아지지 않는 듯하구나. 20년 이상 꾸준히 상승하던 해수면이 이제 더 이상 높아지지 않고 있어. 대재앙이 이제 서서히 멈추고 있는 모양이야."

나중에는 바다에 나가 먹을 것을 구해 와야 했다. 물론 그건 한기가 입을 잘못 놀린 탓이기도 했다.

"아니, 맨날 심부름만 하고 풀만 먹어요? 가끔이라도 고기를 먹어야죠. 뭐, 치킨까지는 바라지도 않지만요."

그랬더니 보일 아저씨는 한기를 서쪽 해변으로 끌고 갔다. 그쪽에는 그리 넓지 않은 갯벌이 펼쳐져 있었는데 보일 아저씨는 거길 가리키며 말했다.

"갯벌에 나가서 조개도 캐고 게도 잡아! 재주가 있으면 물고기도 잡아 보고."

보일 아저씨는 심지어 씩 웃기까지 했다. 한기는 너무나도 기가 막혔다.

"와! 내가 무슨 원시인도 아니고. 하다하다 못해 조개까지 주우라고요?"

그렇게 불평했지만 보일 아저씨의 대답은 아주 간단했다.

"싫으면 굶던가!"

그런 말을 들으면 한기의 속에서 무언가 부글부글 끓어올랐다. 하지만 별 수 없었다. 그래서 나중에는 오기로 물고기를 잡기도 했다.

'쳇! 이러다가 내가 원시인 능력자가 되고 말겠네!'

한기는 투덜거리면서도 별 수가 없었다. 급기야 아저씨가 '너도 기체에 대한 공부 좀 해 두거라!'라고 했을 때는 어이가 없었지만 그냥 시키는 대로 했다.

'산소는 물에 녹지 않는 성질을 가지고 있고, 수소는 기체 중에서 가장 가볍고, 질소는 공기보다 무거워서 불을 끄는 데도 사용한다. 헬륨은 공기보다 가볍고…….'

참 나! 뭐라는 건지! 한기는 그냥 외라는 대로 외웠다.

한기가 가장 부아가 치민 것은 보일 아저씨의 행동이었다. 한기가 자전거를 타고 있을 때도 조개를 주워 올 때도 보일 아저씨는 놀았다.

보일 아저씨는 바람이 불면 그쪽에 커다란 풍선을 대고 공기를 모았다. 그러고는 그것의 냄새를 맡아 보기도 하고 그걸 통째로 연구실로 가져가서 기체 분리기에 넣어 한참을 무슨 실험인가를 했다. 그런가 하면 가끔씩 북쪽 건너편 육지에서 날아오는 비둘기 두 마리를 손 위에 앉히고 먹이를 주곤 했다. 보일 아저씨 말로는 비둘기를 통해 육지에 있는 친구와 소식을 주고받는 것이라고 했는데 그것도 사실인지 알 수가 없었다.

아무튼 그런 일이 아니면 아저씨는 실험실에 앉아 멍하니 무언가를 생각하며 시간을 보냈다. 그러므로 한기가 보기에 보일 아저씨는 늘 놀기만 했다.

그래서 한 번 아저씨에게 무어라고 투덜댔더니 아저씨는 이렇게 말했다.

"이 모든 연구가 네 이모를 구하는 일과 관련되어 있단다."

그러고는 그만이었다. 정말 이모만 아니라면 아저씨의 엉덩이를 걷어차고 도망갔을 거였다.

그렇게 한 달이 훌쩍 지나갔고, 또 두 달이 더 지난 후에도 보일 아저씨는 '이모를 구해 내는 일'과 관련된 그 어떤 일도 하지 않았다. 속으로는 어떤 일을 계획하고 있는지는 몰라도 겉으로 보기에는 그냥 한가한 사람이 노니는 모습이었다.

그 즈음이었다. 한기가 이런저런 생각에 휩싸여 있을 때 보일 아저씨가 또 외쳤다.

"또한끼! 다시 1번!"

하! 진짜 너무 하는 거 아니야? 오늘따라 도대체 왜 이러는 거야? 한기는 1번 자전거로 옮겨 타면서 연신 투덜댔다.

그렇게 얼마나 시간이 지났을까? 땀을 뻘뻘 내면서 자전거 페달을 밟고 있는데 북쪽에서 비둘기가 날아왔다. 비둘기는 허공에서 서너 바퀴를 돌더니 곧 온실로 날아왔다. 아니, 그러는가 싶었는데 4번 자전거의 손잡이에 잠깐 앉았다가 온실 창가로 날아갔다.

잠시 후, 아저씨가 손을 내밀어 비둘기를 안으로 끌어들였다.

잠깐의 시간이 지난 뒤 비둘기는 창을 통해 온실에서 빠져나

와 하늘로 휙 날아올랐다. 그때 보일 아저씨가 창으로 고개를 내밀고 소리를 질렀다.

"또한끼야! 가자! 빨리 준비하거라!"

뭐라는 걸까? 왜 저리 호들갑을 떠나 싶었다. 한기는 고개를 갸웃거렸다. 그러면서 페달 돌리기를 멈추었다. 어찌 되었든 페달은 그만 돌려도 될 것 같은 분위기였다. 그건 나쁘지 않았다.

한기는 그냥 멍하니 자전거 안장 위에 올라 앉아 있었다. 산소 주머니를 입에 대고 크게 숨을 후, 들이쉬었다. 가슴이 조금이나마 시원해진 느낌이었다.

그런데 그때 다시 보일 아저씨가 온실에서 뛰어나와 소리를 질러 댔다.

"뭘 하고 있는 게냐? 어서 떠날 준비를 하라니까! 이모 구하러 안 갈 거야?"

그 말에 비로소 한기는 벌떡 일어났다.

"이모라고요?"

"그래. 친구에게서 연락이 왔다. 역시 내 생각이 맞았어. 네 이모는 블루 힐 시티 그린 타워에 갇혀 있단다. 그쪽으로 가는 열차가 오늘 저녁에 출발한단다. 한 달에 한 번뿐인 열차야. 시간이 얼마 안 남았으니까 어서 서둘러 준비해."

들던 중 반가운 소리이긴 했다. 한기는 얼른 자전거에서 내려와 온실로 들어갔다. 하지만 무엇을 준비해야 할지 알 수가 없어 여전히 그 자리에 서 있기만 했다.

보일 아저씨는 허둥대면서 가방에 이것저것을 챙겨 넣었다. 옷가지와 축전지 그리고 물고기를 말린 어포 따위였다.

그러더니 한기에게 말했다.

"이리 들어와서 저것들을 챙겨 넣어라! 어서!"

한기는 얼결에 보일 아저씨의 실험실로 들어갔다. 심부름으로 몇 번은 들어와 본 곳이었는데 여전히 복잡하고 지저분했다. 한기는 그 틈에서 보일 아저씨가 가리킨 쪽을 둘러보았다. 책상 옆 바구니에는 플라스틱 물병 같은 것이 몇 개 들어 있었다. 거기에는 CH_4, 또 하나는 N, 그리고 나머지 두 개는 H와 He라는 영어 글자가 써 있었다. 그저 물병을 재활용한 물건이 아니었다. 빨간 색 뚜껑이 달린 물병을 슬쩍 눌러 보았더니 쉬익 하고 가스가 빠져나왔다.

"이게 뭔데요?"

"써 있잖아. 메탄, 질소, 수소, 헬륨이 들어 있는 병이다! 조심해. 함부로 빨간 단추를 누르면 안 돼!"

보일 아저씨가 저편에서 잔소리하듯 말했다. 한기는 일단 그것들을 가방에 차례로 넣었다.

그러고 나서 또 무언가 필요한 게 없는지 잠시 두리번거렸다. 그때 한기의 눈에 벽에 걸린 사진 한 장이 들어왔다. 그것은 이상한 화학 공식이 적힌 쪽지들 사이에 꽂혀 있었는데 낯이 익었다. 자세히 살펴 보니 이모의 얼굴이었다. 오래된 사진이라 빛이 바랬고 구겨진 흔적이 있었지만 이모의 얼굴이 분명했다.

'이건 뭐지? 이모의 사진이 왜 여기에……? 그동안 몇 차례나 이 방을 드나들었는데 이걸 왜 못 봤을까?'

한기는 고개를 갸웃거렸다. 자신도 모르게 사진 쪽으로 손을 뻗었다. 마침 보일 아저씨가 소리를 질렀다.

"자, 다 챙겼으면 어서 나가자! 서둘러!"

그러더니 보일 아저씨는 대뜸 밖으로 나섰다. 하는 수 없이 한기는 보일 아저씨를 따라나섰다. 무언가 찜찜했지만 별 수 없었다.

번갯불에 콩 볶아 먹는다는 말처럼 재빠르게 보일 아저씨는 섬 남쪽에 매두었던 모터보트를 타고 섬을 반 바퀴 빙 돌아서 북쪽으로 달렸다.

보일 아저씨는 야트막한 언덕이 보이는 물가에 보트를 세웠다. 그러더니 언덕을 마구 올라가기 시작했다. 한기가 보일 아저씨를 따라잡는 건 어렵지 않았다. 그동안 자전거를 타고 섬을 뱅뱅 돌고 물고기를 잡느라 자신도 모르게 체력이 나아졌기 때문이었다. 게다가 살도 빠져서 몸이 아주 가벼워진 터였다.

다만 언덕 위로 오를수록 냄새가 많이 났다. 그건 틀림없이 똥 냄새였다. 아니나 다를까, 언덕에 이르자 젖소 농장이 보였다. 수십 마리의 소가 언덕에서 풀을 뜯고 있었다. 보일 아저씨는 아무렇지도 않은지 그 사이를 가로질러 언덕 위에 있는 통나무집으로 걸어갔다.

통나무집 앞에는 털북숭이 아저씨가 기다리고 있었다. 그의 어깨 위에는 아까 보았던 비둘기가 한 마리 앉아 있었다.

"어서 오게. 열차표는 구해 놓았네. 이걸 구하느라 큰 애를 먹었네. 어서 서둘러야 할 거야."

털북숭이 아저씨가 손바닥 반 만한 쪽지 두 개를 내밀었다. 보일 아저씨는 그것을 받아 얼른 주머니에 넣었다. 털북숭이 아저씨가 한기를 위아래로 훑어보고는 말했다.

"자네가 말한 아이가 바로 이 아이인가?"

"응, 그렇다네. 또한끼, 인사 드리거라. 내 친구야. 블루 힐 시티까지 가는 열차표를 구해 주셨다. 물론 네 이모가 어디에 있는지도 알아봐 준 분이지."

한기는 얼결에 고개를 숙였다. 한기를 보면서 털북숭이 아저씨도 고개를 끄덕였다. 그러고 있는데 보일 아저씨가 가방에서 축전지 다섯 개를 꺼냈다.

"자, 받게. 방귀세 내는 데 도움이 될 거야."

"번번이 고맙군. 올해는 유독 방귀세가 많이 나와서 말야. 젖소를 모두 팔아 치우든지 해야지……."

두 사람의 말에 한기는 귀를 쫑긋 세웠다. 방귀세라니?

"허허! 이 사람아, 무슨 그런 소리를……. 자네의 소가 없으면 마을 사람들이 신선한 우유를 먹지 못할 걸세. 조금만 참아 보게. 지금까지 약 3개월째 해수면의 변화가 없었어. 이제 온난화로 인한 해수면 상승이 끝난 것 같네. 그게 공식적으로 확인되면 아마도 방귀세도 없어지지 않을까 싶네만."

"글쎄……."

보일 아저씨의 말에 털북숭이 아저씨가 고개를 갸웃거렸다. 표정이 심각해 보였다. 그러다가 문득 생각난 것이 있다는 듯 말했다.

"참, 어서 서두르게. 도시로 나가 열차를 타려면 시간이 그리 많지 않은 것 같은데……."

"아아, 내 정신 좀 보게. 그래야겠네."

이야기가 끝났는지 보일 아저씨는 한기의 손을 잡아끌었다.

"자, 어서 가자."

일단 한기는 보일 아저씨의 뒤를 따랐다. 조금 걷다가 보일 아저씨에게 물었다.

"방귀세라니요? 방귀를 뀌면 내는 세금이에요?"

"그래."

설마 하면서 물었는데 보일 아저씨는 당연하지 않느냐는 표정으로 간단히 대답했다.

"정말이에요? 세상에 그런 법이 어딨어요?"

"허허. 이 녀석이 못 믿는 모양이구나. 방귀 속에는 메탄이라는 가스가 들어 있다는 사실은 알고 있니?"

"네? 네에……."

"그 메탄이란 가스 역시 온실 효과의 주범이라는 것도? **실제로 온실 효과를 유도하는 온실가스 중에서 메탄이 차지하는 비율은 높지 않지만 파괴력은 이산화탄소의 20배가 넘는단다.**"

"그, 그런 거였어요?"

"그래. 특히 저 소들이 뿡뿡 내뿜는 방귀는 무시할 수 없을 만큼 강력하지. 메탄은 소가 되새김질할 때도 발생하기도 한단다."

한기는 비로소 아까 보일 아저씨가 털북숭이 아저씨에게 했던 말이 떠올랐다. 그래서 소를 팔아 버리겠다는 말을 했던 거였구

나 싶었다.

몇 걸음 더 걷던 보일 아저씨가 갑자기 한기에게 툭 던지듯 말했다.

"그러니까 너도 조심하란 말이다."

"네? 제가 왜요? 저는 소가 아닌데요?"

"사람은 방귀 안 뀌냐?"

"설마 사람한테도 방귀세를 받는다고요? 에이, 거짓말!"

"허허! 이 녀석 보게. 지금이 어느 때인데 거짓말을 해? 지구 온난화가 어떤 피해를 가지고 왔는지 아직도 모르는 게야?"

한기의 말에 보일 아저씨는 나무라듯 목소리를 높였다.

한기는 이해가 될 듯도 했다. 메탄 가스가 온난화에 치명적이라면 그럴 만도 하겠다는 생각이 들었다. 하지만 아무리 그래도 방귀세라니? 그 생각을 하자 공연히 엉덩이에 힘이 들어갔다.

그걸 눈치챘는지 보일 아저씨가 한 마디 더했다.

"특히 시내나 열차처럼 사람이 많은 곳에서는 더욱 조심하거라. 녹색 감시단이 사방에 깔려 있어. 더구나 그들은 방귀 탐지기를 가지고 다니면서 그 자리에서 방귀 뀐 사람들을 잡아낸단다. 그러면 엄청난 벌금을 물어야 해."

"저, 정말이에요?"

"그래. 방귀 한 번에 적어도 축전지 세 개는 줘야 할 거다."

"네에……."

한기는 기어 들어가는 목소리로 대답했다. 여전히 아리송했지만 왠지 그 말이 사실일 것 같았다. 지구 온난화로 온 세상이 물에 뒤덮인 뒤라서 모든 사람들이 기체에 민감할지 모른다는 생각이 들었다.

얼마 지나지 않아 사람들이 웅성대는 시내가 나오자 더욱 긴장이 되었다. 한기는 이번에도 엉덩이에 힘을 바짝 주고 걷기 시작했다. 저 멀리 역 건물이 보이기 시작했다.

도망쳐라, 도한기!
• 수소는 모든 동식물을 구성하는 성분 중 하나로 아주 가볍고 폭발성이 있다 •

한 시간 만에 도착한 역 광장 건너편에는 붉은 벽돌집과 천막집 그리고 간간히 콘크리트 빌딩들이 늘어서 있었다. 거리에는 사람들이 꽤 많았고 자동차, 소달구지, 사람이 끄는 리어카, 사람을 태운 말이 뒤섞여 다녔다. 도로 옆 곳곳에 온갖 물건을 펼쳐 놓고 사고파는 모습은 마치 시골 장터를 보는 듯했다. 시골인지 도시인지 알 수 없는 아리송한 곳이었다.

빈 집도 많았고 골목 안쪽에는 허름한 판자집도 있었다. 특히 좀 규모가 있어 보이는 건물들은 상당수가 부서지고 갈라진 채 비어 있었다.

보일 아저씨는 그 길을 빠르게 헤치고 나아갔다. 그런 뒤에 멈춰 선 곳은 커다란 녹색 깃발이 펄럭이는 회색 콘크리트 건물 앞이었다. 역에서부터 이곳까지 오는 동안 본 건물 중에서 가장 크고 번듯했다. 하지만 건물 앞은 철문으로 단단히 막혀 있었다. 빨간 경광등이 달린 승용차가 몇 대 서 있었는데 한눈에 보아도 이모를 붙잡아 가던 그 자동차였다. 한기는 그곳이 어디인지 짐작이 갔다.

"네 이모가 저 위에 붙잡혀 있을 게야."

보일 아저씨가 턱짓으로 가리킨 곳은 철문 너머, 그 뒤편 언덕 위에 있는 뾰족한 탑 모양의 건물이었다. 그것을 보자마자 한숨부터 흘러나왔다.

'문이 막혀 있는데 저 높은 곳을 어떻게……?'

보일 아저씨 역시 어쩔 수가 없는지 한동안 높은 건물을 말없이 바라보기만 했다. 그러다가 문득 보일 아저씨가 한기의 옷소매를 끌어당겼다.

"일단 밥이라도 먹으면서 생각해 보자."

그러더니 보일 아저씨는 간판도 없는 2층 식당으로 한기를 데려갔다. 그곳에서는 이상한 냄새가 나는 차를 팔았고 한쪽에는 감자와 옥수수를 비롯한 온갖 종류의 채소와 낫처럼 생긴 농기구, 천을 깁고 이어서 만든 옷 같은 것도 팔았다. 식당이면서 잡화점이었고 찻집이었다.

그곳에서 한기는 보일 아저씨와 함께 작은 생선 대가리가 둥둥 떠다니는 국밥을 먹었다. 비린내도 많이 나고 국물은 너무 매워서 한기는 먹는 둥 마는 둥 했다.

그런 중에도 보일 아저씨는 자주 창밖으로 시선을 돌려 뾰족탑을 쳐다보았다. 가끔씩 낮은 숨을 내쉬며 고개를 갸웃거리기도 했다.

문득 보일 아저씨가 수저를 놓으며 말했다.

"도움을 줄 수 있는 사람을 찾아봐야겠어. 잠시만 기다리거라. 금방 돌아올게."

"네? 저 혼자 여기에 있으라고요?"

"응, 잠깐이면 돼. 절대 밖에서 혼자 돌아다니면 안 돼. 이곳엔 별별 사람이 다 있으니까. 알았지?"

한기는 얼결에 고개를 끄덕였다. 그러자마자 보일 아저씨는 부리나케 바깥으로 달려 나갔다.

한동안 요상한 상점에는 사람들이 부리나케 많이 드나들었다. 등짐을 잔뜩 진 상인들이 들어와 요란을 떨면서 국밥을 먹고 나갔고 몇몇의 아줌마들이 들어와 농기구를 사 가기도 했다. 가족과 함께 온 아이들 몇몇은 혼자 앉아 있는 한기를 힐끔거리면서 쳐다보기도 했다.

하지만 늦은 오후가 되자 곧 한산해졌고 2층에는 몇 사람 남아 있지 않았다. 그러는 동안에도 금방 온다던 보일 아저씨는 나타나지 않았다. 벽에 걸린 벽시계에서 뻐꾸기가 세 번이나 나왔다가 들어갈 때까지도 보일 아저씨는 돌아오지 않았다.

한기는 식당의 2층 구석 자리 창가에서 거리를 지나는 사람들을 지켜보고 있었다. 행인 중에는 이따금 녹색 제복을 입은 사람도 섞여 있었다. 그들은 종종 지나는 사람들을 멈춰 세우고는 온몸을 뒤지거나 물건을 빼앗았다.

그럴 때마다 한기는 공연히 몸을 움츠렸다. 그러면서도 보일 아저씨가 오는지 안 오는지 목을 길게 빼고 창밖을 더 부산스럽게 두리번거렸다.

또 얼마나 시간이 더 지났을까?

탑처럼 솟은 건물 뒤로 해가 서서히 떨어지고 있었다. 한기는 한참 동안 그 건물을 쳐다보다가 잠시 테이블에 엎드렸다. 그런 채로 테이블 위에 켜진 촛불을 쳐다보았다.

아른거리는 촛불 속에서 동그란 이모의 얼굴이 떠올랐다.

시골로 내려가기 전까지는 직장을 다니는 엄마보다 더 많이 한기를 업어 주고 먹을 것을 많이 사 준 이모였다. 심지어 한기가 잘못했을 때도 끌어안아 주고 엄마한테 혼날 때도 다독거려 주었다. 이모는 항상 한기 편이었다. 최근에야 살 빼라고 잔소리를 했지, 이모는 늘 "난 통통한 한기가 너무 사랑스러워!"라고 말했다. 엄마가 이모에게 "남자친구 만들어서 얼른 결혼해."라고 했을 때도 "그럼 이렇게 예쁜 한기를 못 보잖아."라고 말하며 서운해했다. 그래서 이모가 시골에 내려간다고 했을 때 한기는 이틀을 꼬박 울었다.

그런 생각이 몰아쳐 오자 한기는 찔끔 눈물이 났다. 그 바람에 촛불이 뿌옇게 흐려졌다. 한기는 눈물을 훔치고 잠시 눈을 감았다. 졸음이 쏟아졌지만 한기는 눈을 다시 뜨고 촛불을 바라보았다.

그 촛불 너머에 누군가 앉아 있었다. 보일 아저씨가 아니었다. 얼굴이 약간 길쭉하고 턱이 뾰족한 남자였다.

"꼬마가 혼자 이런 데서 뭘 하는 거지?"

한기는 가슴이 철렁 내려앉았다. 남자는 파란 수염 자국이 있는 턱을 쓰다듬으며 웃고 있었지만 좋은 사람은 아닌 것 같았다.

'혹시 녹색 감시단? 하지만 옷차림새는 아닌데?'

그렇게 생각하며 고개를 갸웃거렸다. 문득 보일 아저씨가 말했던 방귀세 이야기가 떠올랐다. 그러자마자 바짝 긴장되었다.

"저 방귀 안 뀌었는데요?"

한기는 제풀에 겁을 먹고 작은 소리로 말했다.

"뭐? 얘가 도대체 뭐라는 거야? 아무튼 너 혼자 온 거지?"

"아저씨 아니, 아빠 기다려요. 곧 온댔어요."

한기는 둘러댔다. 하지만 그 말을 하자마자 남자는 누런 이를 드러내며 웃었다.

"거짓말하지 말거라. 아까부터 지켜보았는데 쭉 혼자더구나. 길을 잃었으면 내가 찾아 주마. 어떠냐? 나랑 함께 갈래?"

"시, 싫어요!"

한기는 더듬거리며 대답했다. 낯선 사람을 따라가지 말라는 말은 학교에서 수십 번은 더 들은 터였다. 남자는 피식 웃더니 방금 전보다 무거운 목소리로 말했다.

"음, 뭐 싫다면 할 수 없지. 하지만 그 가방에 든 것 좀 봐야겠구나."

"왜죠? 이건 내 건데요?"

"내가 필요해서 그러지. 어서 가방을 테이블 위에 올려 놓거라. 아, 혹시 소리를 지르거나 도망칠 생각은 하지 말거라."

남자는 아주 차가운 목소리로 말하더니 한기의 목을 꽉 움켜

쥐는 시늉을 했다. 순간 한기는 숨이 탁 막히는 기분이 들었다.

녹색 감시단이 아니라 강도가 틀림없었다.

'어떻게 하지?'

하지만 한기는 아무런 생각이 나지 않았다. 온몸이 떨릴 뿐이었다. 그때 다시 남자가 매서운 눈빛을 보내며 이마를 찌푸렸다.

잠깐 도망칠까 생각했지만 금방 붙잡힐 것 같았다.

하는 수 없었다. 한기는 천천히 가방을 테이블 위에 올려놓았다. 그런데 반쯤 열린 가방 속에 보일 아저씨가 넣어 두라던 플라스틱 병들이 보였다. 제일 위에 N자가 쓰인 병 그리고 바로 뒤에 H자가 쓰인 병이 있었다. 동시에 아저씨가 공부해 두라던 기체의 특징이 떠올랐다.

'수소는 모든 동식물을 구성하는 성분 중 하나로 아주 가볍고 폭발성이 있다.'

순간 한기의 머릿속에서 좋은 생각이 반짝 일어났다. 한기는 가방을 내려놓는 척하면서 H자가 쓰인 병을 꺼내 들었다. 그러고는 재빠른 동작으로 뚜껑의 빨간 단추를 살짝 눌렀다. 그때였다. 기체가 촛불 쪽으로 훅 날아가는 듯했는데 '펑' 하는 소리가 났다.

그 소리와 함께 불꽃이 크게 일어났다. 남자는 화들짝 놀라 뒤로 곤두박질쳤다.

"으아악!"

남자의 앞머리에 불이 붙었다. 그 때문에 남자는 한참 동안 일어나지 못하고 양팔을 허우적거렸다. 한기는 가방을 들고 재빨리 일어났다. 아래층으로 달아나려는데 뭔가 타는 냄새가 코끝에 스쳤다.

한기는 1층으로 내려와 식당 문을 밀쳤다. 그러고는 재빨리 오른쪽으로 방향을 틀었는데 지나던 여자와 부딪치고 말았다. 여자는 욕을 해댔고 한기는 미안하다는 말을 하지도 못하고 일어나 뛰었다.

"거기 서지 못해?"

뒤에서 남자가 외치는 소리가 들렸다. 한기는 돌아보지 않고 달리기만 했다. 깨진 유리문이 있는 건물을 지나 벽이 심하게 갈라진 3층짜리 건물 모퉁이를 돌았다.

골목 안은 비좁고 지저분했다. 어디선가 고함이 들려왔고 부서진 벽돌과 쓰레기가 한기의 발에 채였다. 그러느라 빨리 달릴 수가 없었다. 겨우 속력을 내서 다시 왼쪽으로 꺾자 조금 더 좁은 골목이 나왔다. 다시 뒤에서 부리나케 쫓아오는 남자의 발자국 소리가 들렸다.

저편 끝에 열댓 개의 계단이 보였다. 한기는 계단 끝까지 단숨에 올랐다. 그러자 자동차가 두어 대는 지나다닐 만한 넓은 길이 나왔고 소가 끄는 마차가 그 길을 지나갔다. 한기는 뒤를 돌아 반대편 골목으로 뛰어 들어갔다. 다시 오른쪽으로 왼쪽으로 꺾어서 허물어진 집 안으로 들어갔다.

빈집이었다. 두리번거리자 왼쪽에 위로 오르는 계단이 보였다. 한기는 발자국 소리를 죽이고 조심조심 걸어 한 층 또 한 층을 올라갔다.

그런 다음, 창 너머 아래를 내려다보았다. 남자는 서쪽 창 아래의 골목길을 지나고 있었다. 한기는 숨을 멈추었다. 남자는 갈피를 못 잡고 저편으로 갔다가 다시 이쪽으로 되돌아왔다.

한기는 일단 숨는 게 좋겠다는 생각이 들었다. 구석에 책상 하나가 보였다. 일단 그 밑으로 들어가 쪼그리고 앉았다. 한동안 아무 소리도 들리지 않았다.

'갔나?'

한기는 쪼그린 채로 한 걸음 움직였다. 더 이상 아무 소리도 들리지 않을 때쯤 일어나 움직이려는데 아래쪽에서 부스럭거리는 소리가 들렸다. 한기는 동작을 멈추고 쪼그린 자세로 가만히 있었다.

잠시 후 소리는 조금 더 가까워졌다.

'설마……'

가슴이 심하게 뛰었다. 심장 소리가 어찌나 큰지 한기는 손으로 가슴을 짓눌렀다. 또 잠깐의 시간이 지났다. 쪼그리고 앉아 있던 탓에 다리가 저렸다. 너무나 아파서 조금씩 엉덩이를 움직였다.

그때였다. 접은 다리를 펴려고 살살 움직이는데 무언가 시커먼 것이 앞을 슥 지나갔다.

"헉!"

고양이였다. 한기는 너무나 놀라 자신도 모르게 다리를 쭉 펴고 말았다. 그러자 바닥에 있던 벽돌 부스러기들이 굴러가며 후드득 소리를 냈다. 한기는 제풀에 놀라 자신의 입을 손으로 막았다.

그렇게 얼마나 지났을까?

아주 작은 발자국 소리가 들렸다. 계단을 하나씩 밟는 소리였다.

'아!'

한기는 더 위층으로 도망가야겠다고 생각했다. 하지만 저린 다리가 잘 움직이지 않았다. 조심스레 다리를 굽히고 펴기를 반복했다. 그러기를 서너 번쯤 했을 때였다.

"흐흐! 꼬마, 여기에 숨었구나."

숨이 멎을 뻔했다. 이제 끝났구나 싶었다. 한기의 온몸에 식은땀이 흘렀다. 빨리 벗어날 방법을 생각해야 했지만 머릿속이 하얘져서 아무것도 생각나지 않았다.

방법은 한 가지밖에 없었다. 한기는 살며시 일어났다. 그러고는 저편에 있는 계단을 바라보았다. 그 위에 옥상으로 가는 문이 있었다.

한기는 뛰었다. 그리고 재빨리 계단을 올랐다. 동시에 아래쪽에서도 계단을 빠르게 올라오는 소리가 들렸다.

계단을 다 오르고 문을 닫았지만 잠금장치가 보이지 않았다. 급한 대로 옆에 있던 부서진 책장을 문 쪽으로 넘어뜨렸다. 가까스로 책장이 문을 막았다.

"이 쥐새끼 같은 놈! 어서 문 열지 못해?"

남자가 문을 두드리며 소리를 질렀다. 문이 덜컹거렸다. 한기는 아무 대답도 하지 않았다. 그러자 남자가 또 외쳤다.

"네놈이 가진 가방만 주면 해치지 않을 테다. 어서 가방을 넘겨라!"

"싫어요!"

한기는 소리치고 뒤로 물러났다. 얼른 사방을 둘러보았지만 더는 내려갈 곳이 없었다. 4~5층은 충분히 되는 높이여서 뛰어내릴 수 없었다. 한기가 있는 건물과 옆 건물과의 간격도 건너뛸 수 없을 만큼 넓었다. 한기가 이리저리 왔다갔다 하는 사이, 이미 옥상 문은 아까보다 더 많이 열렸고 마침내 문을 막아 놓았던 책장이 넘어졌다.

곧바로 남자가 튀어나왔다. 한기는 구석으로 몸을 피했다. 남자의 머리 너머로 해가 막 넘어가고 있었다.

"요, 쥐새끼 같은 놈! 내 머리를 홀랑 태우고 달아나다니! 네놈 다리를 부러뜨리고 말 테다."

그렇게 말하면서 남자가 서서히 다가왔다. 구석에 몰린 한기는 오도 가도 못한 채로 벌벌 떨었다. 너무나 무서웠다. 소리를 지르고도 싶었지만 그마저 쉽지 않았다.

마침내 남자는 예닐곱 발자국 앞까지 다가왔다. 그는 아까처럼 흰 이를 드러내면서 웃었다. 그러고는 한 걸음 더 걸어왔다. 손만 뻗으면 닿을 거리였다.

아, 이젠 정말 끝장이구나! 그런 생각을 하면서 한기는 눈을 질끈 감았다.

바로 그때였다. '퍽' 하는 소리가 나더니 연이어 '털썩' 하는 소리가 들렸다. 이상한 생각이 들어 한기는 눈을 떴다. 뜻밖에도 남자가 저만치에 쓰러져 있었다. 그리고 그 옆에는 모래주머니 같은 것이 떨어져 있었다. 남자는 곧바로 일어나 머리를 흔들어 댔다.

하지만 어디선가 모래주머니가 날아와 남자의 머리에 떨어졌다. 남자는 다시 뒤로 벌렁 나가떨어졌다. 물론 이번에도 남자는 비틀거리면서 다시 일어났다.

뭘까? 한기는 사방을 두리번거렸다. 그런데 그때 허공에서 소리가 들렸다.

"또한끼, 여기다! 얼른 이걸 붙잡아!"

한기는 위를 쳐다보았다. 뜻밖에도 보일 아저씨가 자그마한 열기구를 타고 있었다.

거기에서 밧줄 사다리가 내려와 있었다. 한기는 재빨리 사다리를 붙잡았다. 그러자마자 보일

아저씨가 어떻게 했는지 열기구는 조금 더 높이 날면서 옆으로 움직였다.

하지만 남자도 끈질겼다. 비틀거리며 달려오더니 열기구에서 내려온 밧줄을 붙잡고, 이어 한기의 바지를 잡아당겼다.

"우어어어억!"

한기는 소리를 지르며 발을 버둥거렸다. 그러나 바지만 더 흘러내릴 뿐 남자는 한기의 바짓가랑이를 붙잡고 놓지를 않았다.

"제발 놓아요. 놓으란 말이에요!"

한기는 소리쳤다. 그때였다. 바지가 더 벗겨지는가 싶었는데 한기도 모르게 오래 참았던 방귀가 새어 나오고 말았다.

"뿌아아아앙!"

"허억!"

방귀 소리와 남자의 비명 소리가 거의 동시에 들렸다. 마침내 남자가 밧줄을 붙잡고 있던 손을 놓고 나동그라졌다. 그 덕분에 한기는 가까스로 열기구 안으로 올라탈 수 있었다.

"허허! 그놈 참 별 재주를 다 가졌구나."

보일 아저씨가 웃으며 말했다. 한기는 좀 창피했다.

"그래도 여기에서는 방귀세 안 내도 되잖아요, 맞죠?"

"뭐? 네가 소냐? 방귀세를 내게?"

"네? 누구나 방귀 뀌면 방귀세를 내야 하는 거 아니에요?"

"푸하하! 그걸 믿었단 말야? 어휴! 바보 같은 녀석!"

그제야 한기는 자신이 감쪽같이 속았다는 사실을 깨달았다. 아아, 정말 얄미운 보일 아저씨 같으니라고. 몇 시간 동안 얼마

나 애써서 방귀를
참았는데! 한기는
창피하고 화가 났다.

"그나저나 어떻게 된
거예요?"

한기는 화제를 돌리느라
그렇게 물었다.

"어떻게 되긴? 이걸 빌리느라
좀 늦었구나. 여길 막 지나가는
데 어렴풋이 네 모습이 보이더구나. 조금만 늦었어도 큰일 날 뻔
했다."

"……?"

"이제 걱정 마라. 이모가 갇힌 건물의 상세한 설계도까지 손에
넣었으니까! 그나저나 여기서는 방귀 뀌면 안 된다. 메탄가스도
불이 잘 붙거든!"

순간 한기는 다시 볼이 빨개졌다. 꿀밤을 한 대 먹이고 싶을
만큼 보일 아저씨가 미웠다.

하늘을 나는 풍선

• 열기구는 차가운 공기보다 따뜻한 공기가 위로 올라가려는 성질을 이용한 것이다 •

밤새도록 뾰족탑의 설계도를 들여다보던 보일 아저씨는 날이 밝기도 전에 한기를 흔들어 깨웠다. 눈을 떠 보니 강가였다. 마을에서 꽤 떨어진 곳까지 온 모양이었다.

한기가 두리번거리며 사방을 돌아보고 있을 때, 보일 아저씨는 가장 먼저 비둘기부터 날려 보냈다. 유리 온실에 있을 때 연락을 주고받던 그 비둘기였다. 언제 그 비둘기가 여기까지 날아왔는지 알 수 없었지만 보일 아저씨는 조그만 종이에 무언가를 잔뜩 써서 비둘기 다리에 매달았다. 비둘기는 곧 후다닥 날아올라 어둠 속으로 사라졌다.

곧 보일 아저씨는 짐을 챙겨 열기구의 바구니에 옮겼다.

어제 저녁, 보일 아저씨가 타고 왔던 열기구는 한기가 예전에 책에서 보았던 것보다 훨씬 엉성했다. 무언가 한참 모자란 듯하던 보일 아저씨의 모터보트만큼이나.

아저씨가 버너에 불을 붙이자 곧 쭈그러들어 있던 풍선 모양의 주머니가 커다랗게 빵빵해졌다. 그러더니 조금 후에 바구니가 찬찬히 떠오르기 시작했다.

보일 아저씨가 기다렸다는 듯 말했다.

"사실 열기구의 원리는 간단해. 차가운 공기보다 따뜻한 공기가 위로 올라가려는 성질을 이용한 것이거든. 이렇게 주머니 안의 온도를 높이면 주머니 속의 공기 분자들이 활발하게 움직여서 부피가 커져. 반대로 밀도는 낮아지지."

그 말에 한기는 보일 아저씨를 멀뚱멀뚱 쳐다보았다. 기체 이야기만 하면 자꾸 무언가 가르치려는 것 같아서 실큼했다. 그러자 보일 아저씨는 한기의 어깨를 툭 치면서 미소를 지었다.

"자, 출발해 볼까?"

하지만 그러고 나서도 보일 아저씨는 "반대로, 착륙하려면 버너의 불을 천천히 끄면 돼!"라는 말을 더했다.

곧 보일 아저씨는 바구니 한쪽에 매달려 있는 프로펠러를 돌렸다. 그러자 위로만 떠오르던 열기구가 한 방향으로 조금씩 나아가기 시작했다.

'틀림없이 어디서 선풍기를 뜯어 와서 붙인 것 같아.'

하지만 아무래도 좋았다. 어쨌든 보일 아저씨의 허술한 열기구는 동쪽을 향해 나아가고 있었으니까. 이모가 갇혀 있는 그 뾰족탑 쪽으로!

"자, 이제 곧 네 이모를 구할 수 있겠구나!"

보일 아저씨는 한기의 어깨에 한 손을 살짝 올리고는 토닥였다. 한기는 무심코 보일 아저씨의 손을 쳐다보다가 아저씨 손목에 감긴 가죽 끈 팔찌를 발견했다. 눈 결정 모양 장식이 있는, 그리고 무엇보다 이모의 것과 똑같이 생긴 팔찌. 곧 아저씨의 실험실에 꽂혀 있던 이모의 사진도 떠올랐다.

'이 아저씨, 도대체 뭐지?'

한기는 고개를 갸웃거리고 슬쩍 물었다.

"아저씨는 왜 우리 이모를 구하려는 거예요?"

"뭐? 그야……. 사람이 위험에 빠졌으면 구해야 하는 게 인간의 도리지. 암! 그렇고 말고."

갑작스러운 질문에 보일 아저씨는 말을 더듬었다. 그러고는 엉

뚱한 말을 해 댔다. 무언가 수상했다. 한기는 눈을 흘기며 다시 물었다.

"우리 이모가 아저씨랑 무슨 관계이길래 이렇게 열심히 이모를 찾아 나서는지 그게 궁금하다고요."

"아, 그건 말야. 어? 저기 봐라. 이제 뾰족탑이 보이기 시작하는구나."

보일 아저씨가 말을 돌리며 동쪽을 가리켰다. 아직 해는 뜨지 않았지만 동쪽 하늘이 먼저 뿌옇게 밝아져 있었다. 그리고 그쪽에 거뭇한 실루엣으로 뾰족탑 건물이 보였다.

"왜 말을 돌리는 거예요? 아저씨 책상에 우리 이모 사진……"

"자, 이제부터 긴장해야 돼. 저 뾰족탑에 도착하기 전에 자, 이걸 보거라. 뾰족탑은 모두 22층이야. 그런데 14층 바깥에 널따란 정원이 있어. 우리는 그곳에 착륙할 거란다."

한기가 거듭 묻자 보일 아저씨는 아예 건물 설계도를 펼쳤다. 그러고는 바쁘게 설명했다.

"아저씨!"

"네 이모는 18층에 갇혀 있어. 그러니까 네 층을 더 올라가야 한다. 내 말 잘 알아들었지? 자, 마음의 준비를 하자."

보일 아저씨는 한기 말은 못 들은 체하며 횡설수설했다.

한기는 더 이상 다그치지 않았다. 아저씨 말대로 뾰족탑이 점점 더 가까워지고 있었기 때문이었다. 그래, 일단 이모를 구출해 내는 게 가장 중요한 일이니까. 한기는 그렇게 생각하고 주먹을 꼭 쥐었다.

잠시 후 열기구는 천천히 뾰족탑에 접근했다. 보일 아저씨는 버너를 서서히 끄고 선풍기 같은 프로펠러를 조종해 아까 말한 14층의 정원에 내렸다. 이른 아침이라 그런지 주위에는 아무도 없고 사방이 조용했다. 보일 아저씨는 아주 빠른 동작으로 땅바닥으로 주저앉은 열기구 주머니를 정리해 이파리가 울창한 나무 뒤에 숨겼다.

"자, 서두르자!"

보일 아저씨는 재빨리 건물 안으로 들어갔다. 한기는 바짝 긴장한 채 보일 아저씨의 뒤를 따랐다.

보일 아저씨는 단숨에 18층까지 오른 다음, 여러 겹으로 접힌 설계도를 이리저리 둘러보면서 좁은 복도를 이리저리 돌고 또 여러 번 방향을 틀며 자꾸만 안으로 들어갔다.

"그런데 이모가 정확히 어디에 있는지 알고 계신 거예요?"

한기는 소리를 낮추어 조심스레 물었다. 하지만 보일 아저씨는 모퉁이에서 멈추더니 '쉿' 하며 물러났다. 슬쩍 고개를 빼고 모퉁이 너머를 쳐다보니 녹색 제복을 입은 사람들이 오가는 모습이 보였다. 한기는 제풀에 놀라 뒤로 몸을 빼냈다.

"안 되겠다. 너는 여기에 있거라! 30분, 아니, 시계가 없으니까 500까지 세고 있거라. 그때까지 내가 돌아오지 않으면 먼저 열기구를 타고 빠져나가. 알았지? 열기구 작동법은 아까 잘 들었지? 어렵지 않을 거야."

"네?"

한기는 보일 아저씨의 말에 당황했다. 혼자 500까지 세고 있으라니? 그리고 혼자 빠져나가라고? 이게 무슨 자다가 남의 다리 긁는 소릴까? 한기는 보일 아저씨만 빤히 쳐다보았다.

하지만 보일 아저씨는 잠시 저편을 두리번거린 다음, 곧바로 복도로 나섰다. 한기는 어쩌지 못하고 보일 아저씨의 뒷모습만 쳐다보아야 했다.

곧 보일 아저씨는 복도 끝에서 오른쪽으로 사라졌다. 한기는 그 자리에서 발만 동동 굴렀다.

그때부터 한동안 시간이 멈춘 듯했다. 가만히 앉아서 기다릴 수도 없었고 그렇다고 이리저리 움직여 다닐 수도 없었다. 가끔 모퉁이에서 고개를 빼고 쳐다보았지만 보일 아저씨는 한참의 시간이 지나도 나타나지 않았다. 정말로 한참의 시간이 지났는지 그렇게 느껴지는 것뿐인지 알 수 없었다.

그래서 한기는 보일 아저씨의 말대로 숫자를 세기 시작했다.

'1, 2, 3……. 아니지. 아저씨가 간 뒤 시간이 꽤 지났으니까 100 정도부터 세어야 하나? 그래. 101, 102, 103…….'

그러다가 멈추고 또 모퉁이 저편을 힐끔거렸다. 물론 생각나면 또 숫자를 세기 시작했다.

'203, 204……. 맞나? 아까 어디서 멈추었지?'

나중에는 세었던 숫자를 다시 세기도 하다가 문득 불안한 생각에 사로잡혔다.

'혹시 보일 아저씨도 녹색 감시단에 붙잡힌 건 아닐까?'

그런 생각이 들자 정말로 혼자서 열기구를 타고 도망가야 하는 건가 싶었다. 어느새 숫자는 잊고 발을 동동 굴렀다.

그렇게 얼마쯤의 시간이 더 지났을까?

모퉁이 너머에서 요란한 발소리가 들렸다. 한기는 깜짝 놀라 얼른 고개를 빼고 쳐다보았다. 복도 저편에서 보일 아저씨가 달려오고 있었다. 이모의 손을 잡은 채!

"이모!"

한기는 얼른 달려 나갔다. 그리고 한달음에 이모의 품에 안겼다. 금세 눈물이 왈칵 쏟아지려 했다.

"이런! 한기가 직접 이모를 구하러 왔구나! 무척 씩씩해졌는걸? 어라, 이게 어떻게 된 거지? 살이 빠지고 훨씬 보기 좋은데? 건강해 보이네. 힘도 세진 것 같은데?"

"그게요……"

한기는 머뭇거렸다. 보일 아저씨가 먹을 것도 안 주고 맨날 자전거만 타게 해서 그런 거예요. 막 그 말이 입 밖으로 나오려 했다. 하지만 참았다. 보일 아저씨가 나섰기 때문이었다.

"자, 이럴 시간이 없어요. 얼른 여길 빠져나가야 합니다."

"그래, 일단 나가서 더 이야기하자."

보일 아저씨의 말에 이모도 고개를 끄덕였다. 그때였다. 복도 너머 어딘가에서 소리가 들렸다.

"저쪽이야! 저쪽으로 달아났어!"

그 말에 보일 아저씨는 들어왔던 쪽으로 방향을 잡았다. 한기는 이모의 손을 잡고 있는 힘을 다해 뛰었다.

하지만 긴 복도를 미처 빠져나가기도 전에 뒤쪽에서 다시 고함이 들렸다.

"누구냐? 서라!"

한기가 힐끗 돌아보니 녹색 제복을 입은 남자 두 명이 쫓아오고 있었다.

"안 되겠다. 어서 뛰어!"

동시에 보일 아저씨가 한기의 손을 잡고 달렸다. 옆에서 이모가 따라왔다.

보일 아저씨는 이미 보아 둔 길인 듯 오른쪽으로 또 왼쪽으로 다시 위층으로 아래층으로 잘도 빠져 다녔다. 하지만 녹색 감시단 사람들은 따돌릴 만하면 다시 나타나 쫓아왔고, 그러기를 수도 없이 반복했다. 나중에는 뒤를 쫓는 녹색 감시단 사람들이 5명으로 늘었다.

결국 숨이 차서 더 달아날 수가 없었다. 벽 한쪽에 쓰여 있는 숫자를 보니 19층이었다.

'왜 점점 올라가는 거야? 열기구는 14층에 있는데?'

"자, 여기서 헤어지자."

20층까지 올라온 보일 아저씨가 말했다.

"네? 그게 무슨 소리죠? 같이 안 가고 헤어져요?"

보일 아저씨의 말에 이모가 되물었다.

"일단 저들의 추격을 따돌려야 해요. 내게 좋은 생각이 있어요. 자, 여기를 보세요."

그러더니 보일 아저씨는 설계도를 내밀었다.

"우리는 지금 여기에 있어요. 저 앞에서 오른쪽으로 꺾으면 작은 문이 하나 나올 거예요. 그 문을 열고 나가면 옥외 비상계단이 있어요. 그 비상계단을 타고 14층까지 내려가세요. 그런 다음 다시 건물 안으로 들어와요. 그러면 지금 여기랑 똑같은 복도가 나올 거고 그 복도 끝까지 가면 열기구를 숨겨 놓은 정원에 도착할 수 있을 거예요. 두 사람 먼저 열기구를 타세요."

"네? 그게 무슨 말이에요? 우리 먼저 가란 말이에요?"

이번에도 재빨리 이모가 물었다.

"일단 열기구를 타면 20층까지 위로 올라와요. 그러면 이 건물의 서쪽에 다이아몬드 장식이 새겨진 창문이 나와요. 열기구를 그쪽에 바짝 대요. 그러면 내가 탈 수……."

"열기구는 누가 운전하냐고요?"

"누구긴요. 또한끼죠."

보일 아저씨가 씩 웃으면서 말했다.

한기는 눈을 동그랗게 뜨고 보일 아저씨를 쳐다보았다. "내가요?" 이렇게 묻는 표정으로. 그러자 보일 아저씨는 고개를 끄덕였다.

'그런데 이 와중에 '또한끼'라고 부르는 이유가 뭐야? 치킨 한 번 안 사줘 놓고.'

"한기야, 네가 할 수 있겠니?"

116

이모가 걱정스러운 듯 물었다. 한기는 아무런 대답도 할 수 없었다. 그냥 이모의 맑은 눈동자만 바라보았다. 그때 보일 아저씨가 다시 말했다.

"내가 아까 알려 주었어요. 어떻게 하면 열기구가 뜨고 내리는지. 그러니 잘 해낼 거예요. 자, 서둘러요. 시간이 없어요."

"아, 알았어요. 그럴게요. 하지만 당신도 꼭 무사하셔야 해요. 알았죠?"

이모는 눈물이 글썽한 눈으로 보일 아저씨 앞으로 바싹 다가서서 말했다. 그러자 보일 아저씨는 애틋한 표정으로 이모에게 고개를 끄덕여 보였다. 순간 한기는 고개를 갸웃거렸다.

'하, 저 두 사람이 지금 뭘 하는 거지? 지금 이게 무슨 상황인 거야?'

그런 생각을 하고 있는데 이모가 한기의 손을 잡고 뛰었다. 어쩔 수 없이 한기는 뒤를 따라 뛰어야 했다.

보일 아저씨의 말대로 복도 끝에서 오른쪽으로 꺾자 문이 나왔고, 그 문을 열자 비상계단이 나타났다.

"허억!"

한기는 비상계단을 보자마자 깜짝 놀랐다. 벽에 붙어 있는 철제 나선형 계단이었다. 게다가 낡아서 녹이 슬어 있었고 두어 계단 내딛자 심하게 흔들렸다. 하필 그때 바람까지 불었다. 그래서인지 계단이 더 요동치는 것 같았다.

까마득한 아래를 내려다보니 더 내려갈 엄두가 나지 않았다.

"한기야, 뭐 해? 어서 가야지. 시간이 없어."

몇 걸음 내딛은 이모가 말했다.

하는 수 없었다. 한기는 후들거리는 다리를 조심스레 옮겨 아래 계단을 디뎠다. 그때 한 번 더 바람이 불어 왔고 계단에서 삐걱거리는 소리가 났다.

"으아아아!"

한기는 자신도 모르게 비명을 질렀다.

"괜찮아. 한기는 할 수 있어. 어서!"

이모가 말했다.

한기는 용기를 내 보기로 했다. 천천히 걸음을 내딛었다. 아찔했다. 등에서 식은땀이 마구 흘러내리는 것 같았다.

겨우 14층까지 왔을 때에는 다리가 떨려서 걸을 수가 없을 정도였다.

"자, 이제 얼마 남지 않았어."

그렇게 말하며 이모가 앞서 갔다. 아까 보일 아저씨의 말을 기억하며 복도를 끝까지 달려서 마침내 정원에 다다랐다.

한기는 이모와 함께 숨겨 놓은 열기구를 간신히 꺼내 주머니를 펼쳤다. 그러고는 버너에 불을 붙였다. 그때 이모가 말했다.

"어서 서둘러. 시간이 없어! 빨리!"

이모의 재촉에 한기는 보일 아저씨가 했던 말을 떠올렸다.

'열기구는 차가운 공기보다 따뜻한 공기가 위로 올라가려는 성질을 이용한 것이라고 했지. 그럼 되도록 빨리 주머니 안의 공기를 데워야 하니까……'

한기는 버너의 점화 스위치를 최고로 높였다. 그러자 불이 확 일어났고 주머니가 서서히 부풀어 오르기 시작했다. 잠시 후에는 바구니가 들썩였다.

열기구는 곧 떠올랐다. 한기는 보일 아저씨가 말했던 대로 찬찬히 더 올라갔다. 과연 다이아몬드 장식이 되어 있는 창문이 나타났다. 그 순간 이모가 외쳤다.

"저, 저기에 있어."

보일 아저씨가 그곳에 있었다. 그러나 혼자가 아니었다. 녹색 감시단 2명과 뒤엉켜 있었다. 아무래도 싸우고 있는 듯했는데 보일 아저씨가 위태해 보였다.

"이모, 어떻게 해요?"

"일단 창문 가까이 가자!"

한기는 이모가 시키는 대로 했다. 일단 열기구 바구니를 다이아몬드 장식 유리창이 있는 방 베란다에 바짝 들이댔다. 보일 아저씨의 엉성한 열기구는 다행히 말을 잘 들었다.

그런데 열기구가 창 가까이에 다다랐을 때였다. 보일 아저씨가 한 남자를 발로 밀어 쓰러뜨렸다. 그래서 위기에서 벗어나는가 싶더니 그 다음이 문제였다. 또 다른 남자가 보일 아저씨를 몽둥이로 내리쳤고 머리를 세게 얻어맞은 보일 아저씨가 바닥에 나뒹굴었다.

"아아악!"

이모가 깜짝 놀라 소리를 질렀다.

잠깐 동안 보일 아저씨는 일어나지 못했다. 그러자 녹색 감시단 남자가 몽둥이를 들고 다가왔다. 그 남자는 몽둥이를 높이 쳐들어 보일 아저씨를 다시 한 번 내리쳤다. 아니, 그러는가 싶었는데 보일 아저씨가 몸을 옆으로 돌려 피했고 동시에 남자의 발을 걸어 넘어뜨렸다. 그리고 재빨리 일어나 베란다 창을 열고 나왔다.

보일 아저씨는 머리에 피를 흘린 채로 가까스로 열기구에 올라탔다.

"어서 가자! 서쪽……. 우리가 출발했던 곳으로……."

그러더니 아저씨는 열기구 안에서 정신을 잃고 쓰러졌다.

"아저씨, 아저씨! 정신 차려요!"

"보일 선생님! 정신 차려야 해요!"

한기와 이모가 동시에 외쳤다.

이모는 보일 아저씨의 어깨를 흔들었다. 하지만 보일 아저씨는 눈을 감은 채 움직이지 않았다.

"어, 어떻게 해요. 이모?"

하지만 이모 역시 당황한 표정만 지을 뿐 아무런 말도 하지 않았다.

끝없는 탈출

• 압력이 높아지면 기체의 부피가 줄어들고
압력이 낮아지면 기체의 부피가 늘어난다 •

열기구는 서쪽으로 자꾸만 나아갔다. 그리고 얼마쯤 날았을 때 발 아래로 마을이 보였고 조금 더 먼 곳에 강줄기가 나타났다. 한기는 직감적으로 그 부근이 출발 지점이라는 것을 알았다. 어젯밤, 보일 아저씨가 착륙한 곳 바로 옆에 강이 있었던 게 기억났기 때문이었다.

"저, 저기쯤인데……."

한기는 중얼거렸다. 그리고 나서 보일 아저씨를 내려다보았다. 하지만 보일 아저씨는 아직 깨어나지 않고 있었다. 슬쩍 이모 눈치를 보았다. 이모 역시 보일 아저씨 옆에 앉아 아무런 생각이 없는 듯 보였다. 이모는 옷소매를 찢어 보일 아저씨의 머리를 감아 주고 연신 머리카락을 쓸어 주었다.

'뭐지? 저 두 사람 뭐냐고?'

한기는 고개를 갸웃거렸다. 하필이면 그때 이모가 고개를 들고 한기를 쳐다보았다. 이모와 눈이 마주친 순간, 한기는 몸을 살짝 움츠렸다.

한기는 얼른 눈길을 돌리고 버너의 점화 스위치를 한 단계 내렸다. 그런데 이상했다. 점화 스위치를 줄여도 버너의 불길은 변함이 없었다.

'어떻게 된 일일까?'

한기는 고개를 갸웃거리면서 버너의 스위치를 더 내렸다. 하지만 그래도 변함이 없었다. 버너의 불길은 처음처럼 활활 타오르기만 했다. 아마도 정원에서 버너를 켤 때 무리해서 불꽃을 높인 게 문제가 된 듯했다.

'어어! 이러면 안 되는데…… 이게 왜 말을 안 듣는 거지?'

한기는 버너 스위치를 올렸다가 내리기를 여러 번 반복했다. 물론 아무런 변화가 없었다. 당황해서 다시 두어 번 더 스위치를 만지작거리는데 퍽, 하는 소리가 났다. 동시에 불길이 더 치솟았다. 그러면서 바구니가 크게 흔들렸고 열기구가 위쪽으로 훅 올라가는 게 느껴졌다.

"한기야, 어떻게 된 거야?"

이모가 소리쳤다.

"모르겠어요. 버너가 말을 듣지 않아요."

"뭐라고? 어떻게 좀 해 봐."

"모, 모르겠어요. 보일 아저씨 좀 깨워 보세요."

"안 돼. 보일 선생님은 꼼짝도 하지 않아."

이모가 당황한 표정으로 말했다.

정말로 보일 아저씨는 죽은 사람처럼 움직이지 않았다.

'아아! 어쩌지?'

한기는 발을 동동 굴렀다. 그러는 사이에도 열기구는 조금씩 더 높이 올라가기만 했다.

'아, 어디까지 올라가는 걸까? 버너의 연료가 다 탈 때까지? 그럼 그 다음에는? 설마 추락……?'

그런 생각에 이르자 한기는 덜컥 겁이 났다. 자신도 모르게 고개를 저었다. 그리고 다시 생각했다.

'더 높이 올라가기 전에 버너의 불을 꺼야 돼.'

하지만 활활 타오르는 불길을 손으로 끌 수는 없었다. 옷을 벗어서 끌까 생각했지만 위험한 일이었다. 그러면 옷에 번지고 바구니에도 번질 수가 있으니까.

 그때 한 가지 생각이 머릿속을 반짝 스쳐 지나갔다. 한기는 재빨리 가방을 뒤졌다. 그리고 N자가 쓰여 있는 플라스틱 병을 꺼내 들었다.

 '질소는 공기보다 무거워서 불을 끄는 데도 사용하지.'
 이렇게 말하던 보일 아저씨의 목소리가 생각난 것이었다.
 한기는 활활 타오르고 있는 불길을 향해 빨간 단추를 눌렀다.
 피시시식.
 소리와 함께 질소가 뿌려지자 버너의 불길이 잦아들었다. 하지만 불길이 다시 커지는 바람에 한기는 다시 질소를 뿌려야 했다. 그걸 수도 없이 반복하자 열기구는 조금씩 아래로 내려왔다.
 어느 쯤에서였을까? 불길이 급격히 잦아들더니 훅 꺼졌다. 연료가 모두 타 버린 것이 틀림없었다.
 잠시 후 열기구는 빠른 속도로 땅을 향해 떨어지기 시작했다.
 "으어어어어!"
 "한기야!"
 한기는 비명을 질렀고 이모도 소리쳤다.
 그러나 이번에는 정말로 어떻게 해 볼 도리가 없었다. 열기구는 쉼 없이 떨어져 커다란 나무를 들이받고 그 아래 수풀로 떨어

져 내렸다.

"으아아악!"

"아이쿠!"

한기와 이모는 다시 한 번 동시에 비명을 지르며 눈을 찔끔 감았다.

정신을 차려 보니 한기는 열기구 위에서 보았던 수풀에 쓰러져 있었다. 어떻게 나뒹굴었는지 무릎이 많이 아팠고 한쪽 머리도 욱신거렸다. 겨우 몸을 일으키고 사방을 둘러보았다. 저편에 이모와 보일 아저씨가 쓰러져 있었다.

"으으! 어떻게 된 거지?"

다행히도 보일 아저씨가 머리를 만지며 일어났다. 이어 이모도 잔뜩 인상을 찌푸리면서 고개를 들었다.

"어떻게 해요? 버너가 고장나는 바람에 착륙해야 할 곳에서 한참 더 와 버렸어요."

한기는 변명하듯 말했다.

"아니야. 괜찮아. 정말 잘했어. 혼자서 열기구도 착륙시키고……. 네가 이모도 구하고 나도 구했다!"

"저, 정말이요?"

"그래. 어차피 강 아래까지 가야 해. 여기도 안전하지는 않아."

그렇게 말하며 보일 아저씨는 일어났다. 그러고는 절뚝거리면서 수풀에서 나와 강 쪽으로 내려가 사방을 둘러보았다. 아저씨가 문득 한기에게 말했다.

"네 가방에 헬륨 주머니 아직 남았니?"

한기는 고개를 끄덕이고 얼른 헬륨 플라스틱 통을 건네주었다. 보일 아저씨는 주머니에서 풍선을 꺼내더니 그 안에 헬륨 가스를 불어넣기 시작했다. 그것만이 아니라 언제 준비했는지 모를 반짝이는 셀로판 종잇조각까지 풍선 안에 넣었다. 그리고는 그것을 공중으로 날려 보냈다.

모두 7개의 풍선이 차례로 하늘로 날아올랐다. 그걸 보고 있다가 한기가 물었다.

"뭘 하시는 거예요?"

"신호를 보내는 거야. 헬륨은 공기보다 가볍기 때문에 풍선이 하늘로 잘 올라가지. 하지만 오래지 않아 풍선은 터질 거야."

"……?"

"왜냐고? 높이 올라갈수록 대기압이 낮아지면서 풍선 속 기체의 부피가 늘어나기 때문이야. 이처럼 **압력이 높아지면 기체의 부피가 줄어들고 압력이 낮아지면 기체의 부피가 늘어나는 법칙을 보일의 법칙이라고 하**

지."

보일 아저씨는 자기 혼자 질문하고 스스로 대답하고는 또 웃었다.

'뭐래는 거야?'

한기는 뚱한 표정으로 보일 아저씨를 쳐다보았다.

보일 아저씨는 쩔쭘한 듯 시선을 돌렸다. 엉뚱하게도 이모가 반색을 하면서 웃었다. 심지어 주먹을 쥐고 엄지손가락을 추켜올리기까지 하는 것이었다!

아무래도 이상했다. 한기는 이모에게 슬쩍 다가가 물었다.

"이모 혹시 보일 아저씨랑……."

질문을 채 하기도 전에 보일 아저씨가 말했다.

"자, 이제 서둘러야겠어. 녹색 감시단이 우리를 계속 쫓아올 게 분명해."

그러더니 보일 아저씨는 강 하류로 향한 길을 따라 걷기 시작했다. 하는 수 없었다. 한기도 보일 아저씨를 따라 걸었다.

강변 길은 꽤나 불편했다. 돌무더기가 잔뜩 깔려 있기도 했고 키 큰 억새밭이 앞을 막기도 했다. 갯벌처럼 푹푹 빠지는 곳은 빙 돌아서 가야 했다. 더구나 해가 쨍쨍하게 내리쬐었기 때문에 온몸에 땀이 흘러내렸다.

그럴 때쯤 하늘 높은 곳에서 별이 쏟아지듯 무언가 반짝였다. 보일 아저씨가 그걸 가리켰다. 헬륨 풍선이 터지면서 나온 셀로판 종잇조각들이었다.

"됐어!"

보일 아저씨가 혼잣말을 했다. 그리고는 빠른 속도로 한기와 이모를 앞서 가기 시작했다. 하지만 아저씨가 앞서는 것은 오래가지 못했다. 보일 아저씨는 시간이 지날수록 다리를 더 절뚝거렸다. 아저씨가 자주 쉰 탓에 한참이 지나서야 모두 강 하류에 도착할 수 있었다.

드넓어진 강의 하류에는 억새가 더 많았다. 억새를 헤치고 걷는데 도무지 어디가 어딘지 분간이 되지 않았다. 더구나 바닥이 더 질퍽거려서 걷기도 힘들었다.

어느 때쯤이었을까? 억새 수풀 저편에서 '삐이이' 하는 소리가 들렸다. 풀피리 소리 같았는데 처음엔 길게 한 번, 나중에는 짧게 두 번이 울렸다.

그 다음 순간, 새들이 후드득거리며 날아올랐다. 보일 아저씨는 우뚝 멈추었다. 그러더니 억새를 꺾어 껍질을 벗긴 다음에 입에 대고 불었다. 저편에서 들린 것과 비슷한 소리가 났다. 이어서 저편에서 풀피리 소리가 들리자 보일 아저씨는 급히 그쪽으로 달려 나갔다.

뜻밖에도 거기에 배가 기다리고 있었다. 한기가 보일 아저씨를 처음 만났을 때 탔던 모터보트, 보일호였다. 젖소 농장에서 만났던 털북숭이 아저씨가 함께 보였다. 그제야 한기는 보일 아저씨가 신호를 보내고 비둘기를 날려 보낸 이유를 알았다.

"자, 서둘러!"

털북숭이 아저씨가 그렇게 말하며 배 위에서 손을 내밀었다. 이모와 한기가 먼저 타고 보일 아저씨가 탔다.

"자, 이제 강 아래로 쭉 내려가서 바다로 나가면 돼. 그리고 반나절만 가면 유리온실에 도착하지."

보일 아저씨가 모처럼 씩 웃었다.

이상하게도 털북숭이 아저씨는 모터를 켜지 않고 기다란 나무로 강바닥을 찍으며 보트를 움직였다.

"왜……?"

"저쪽에 녹색 감시단 사람들의 녹색 보트가 두 대나 떠 있어. 일단 눈치를 좀 봐야겠어."

보일 아저씨가 묻자 털북숭이 아저씨가 대답했다.

털북숭이 아저씨는 열심히 노를 저었다. 억새 수풀은 지났지만 주위가 온통 수초여서 보트가 빠르게 움직이지 못했다. 보트는 조금씩 앞으로 나아갔다. 그러다 무슨 소리가 들리면 털북숭이 아저씨는 얼른 수초가 많은 곳으로 숨곤 했다.

그렇게 얼마쯤 갔을까?

마침내 보일 아저씨가 모터의 끈을 잡아당겼다. '부릉' 하는 소리가 나며 모터에 시동이 걸리자 보일호는 앞으로 쭉 미끄러져 나가기 시작했다.

"저 모퉁이만 돌면 돼!"

보일 아저씨가 깎아지를 듯한 해안 절벽을 가리켰다. 그러나 그게 가능할지는 알 수 없었다.

보일호가 속력을 내기 시작하자마자 저편에서 이리저리 떠돌던 두 대의 녹색 보트가 곧바로 이쪽으로 방향을 바꾸었다. 그들의 보트는 더 요란한 소리를 냈고 얼핏 보아도 보일호보다 빨랐다.

정말 그랬다. 보일호는 물결을 헤쳐 나가는 게 아주 버거워 보였지만 녹색 보트는 한눈에 봐도 날렵했다. 모양부터가 달랐다. 보일호는 허름한 나무 조각을 이어 만든 것이었는데 녹색 보트는 액션 영화에서나 봄직한 최신식 보트였다.

절벽에 거의 다다랐을 때 보일호는 녹색 보트에 따라잡히고 말았다.

"멈춰라!"

두 녹색 보트 중 앞선 보트 위에서 제복을 입은 남자가 소리쳤다. '녹색 14호'라는 이름의 녹색 보트는 보일호 옆으로 바짝 다가와 있었다. 녹색 감시단이 손을 뻗으면 옷깃이라도 붙잡힐 것만 같았다. 한기는 이모의 손을 꼭 붙잡고 보트 바닥에 납작 엎드렸다.

"멈춰, 어서!"

"이놈들, 저리 가지 못해?"

녹색 감시단이 소리치자 털북숭이 아저씨도 마주 보며 소리를 질러 댔다. 녹색 14호가 더 바짝 다가와 보일호의 옆면을 슬쩍 부딪쳤다. 그 바람에 보일호가 옆으로 튕겨져 나갔다. 물론 녹색 14호도 반동으로 저편으로 조금 물러났다.

"으아아아!"

배가 출렁거리는 바람에 한기는 자신도 모르게 소리를 질렀다.

"안 되겠어. 한기야, 내 말 잘 들어. 저 절벽 모퉁이를 돌면 다시 수초가 많아질 거야. 수초 사이를 지나면 보트 속력이 줄어드는데 언덕이 보이면 배에서 내려서 언덕으로 올라가."

보일 아저씨가 소리를 높여 말했다.

"네? 그럼, 아저씨들은요?"

"우린 걱정하지 말아라. 저놈들을 따돌리고 따라갈 테니까."

"안 돼요. 어떻게 우리끼리!"

이번에는 이모가 나서서 소리를 질렀다. 표정이 울상이었다. 한기는 무슨 상황인가 싶었지만 지금은 그걸 따질 때가 아니었다.

보일 아저씨가 이모를 보며 다시 말했다.

"그 언덕으로 올라가면 작은 역이 나올 거예요. 곧 그 역에 기차가 들어오고 잠시 멈출 겁니다. 그 열차에 타세요. 우리는 다음 역에서 열차를 탈게요."

"하지만……."

이모는 입을 열었지만 말을 잇지 못했다. 별다른 수가 없어 보였다.

곧 보일호는 절벽 모퉁이를 돌았다. 그러자마자 보일 아저씨 말대로 수초로 뒤덮인 강변이 나타났다. 하지만 녹색 감시단의 보트도 바짝 붙어 따라왔다. 이번에는 '녹색 27호'라고 쓰여 있는 보트까지 함께였다.

보일호는 수초 사이로 난 길을 요리조리 잘 지나 다녔다. 그 덕분에 녹색 보트와 거리가 가까워졌다가 멀어졌다를 반복했다.

털복숭이 아저씨는 얼마 동안 수초 사이를 헤치고 다닌 끝에 잠시 키 높은 수초 사이에 보일호를 숨겼다. 그때를 기다렸다가 보일 아저씨가 말했다.

"어서 내려! 언덕으로 올라가!"

보일 아저씨의 손끝이 가리킨 쪽은 바위와 키 작은 나무들이 자라 있는 언덕이었다. 한기는 이모의 손을 잡고 내렸다. 물이 배까지 차올랐지만 허우적대면서 수초를 헤치고 나아갔다.

한참을 걷자 겨우 언덕에 닿았다. 그때쯤 한기가 뒤돌아보니 수초가 잔뜩 자란 강변에서 여러 대의 모터보트 소리가 들렸다. 이모 역시 잠시 그쪽을 쳐다보더니 한기의 손을 잡아당겼다.

"어서 가자."

한기는 이모를 따라서 언덕을 오르기 시작했다. 보일 아저씨의 말대로 언덕 위에 작은 기차역이 보였다. 한기와 이모는 얼른 뛰어갔다. 어디선가 기차의 기적이 들리는 듯해서였다.

하지만 한기는 기차역을 앞에 두고 우뚝 멈추어 서고 말았다. 역 바로 앞에 녹색 제복을 입은 남자 둘이 두리번거리며 서 있었기 때문이었다.

보일 아저씨 맞죠?

• 높은 곳에 오르면 귀 밖의 압력이 낮아지고 귀 안의 공기는 팽창해 고막을 밀어낸다 •

기차역 건물은 작았다. 놀러 가서 보았던 펜션 건물처럼 생겼고 흰색이었다. 큰 도시의 기차역처럼 선로 위에 육교도 없고 사람도 그리 많지 않았다. 한기는 이모와 함께 기차역 옆의 나무 울타리 뒤에 숨어 주위를 살폈다.

녹색 제복을 입은 두 남자가 역 앞에서 서성거리고 있었다.

"이모, 어떻게 해요?"

하지만 이모도 방법을 찾지 못했는지 한기의 물음에 대답하지 않았다. 그러는 사이 붉고 파란 선이 죽죽 그어진 열차는 천천히 플랫폼으로 들어왔다. 열차가 서서히 멈추기 시작했을 때 이모가 급히 말했다.

"열차가 멈추면 무조건 달려. 그리고 올라 타!"

"이모는요?"

"나는 남아서 녹색 감시단을 따돌릴게."

"그럼, 나 혼자서 가라는 말이에요?"

"지금은 다른 방법이 없어."

"하지만……."

한기는 자신이 없어서 머뭇거렸다. 그걸 눈치챘는지 이모가 말했다.

"넌 할 수 있어! 이렇게 몸도 튼튼해졌잖아. 아까는 열기구도 잘 착륙시켰고."

이모는 씩 웃어 보였다. 그래도 한기는 무어라고 대답할 수 없었다. 그러자 이모가 다시 말했다.

"일단 열차를 타고 다음 역에서 내려. 내가 어떻게든 거기까지 갈게. 알았지?"

이모의 말이 끝나자마자 열차가 끼익 소리를 내면서 멈추었다. 동시에 이모가 소리쳤다.

"자, 뛰어!"

하는 수 없었다. 한기는 열차를 향해 달렸다. 기다렸다는 듯이 녹색 감시단 두 사람이 한기를 쫓아왔다.

"헉헉! 어서 타! 더 늦으면 둘 다 녹색 감시단에 붙잡혀! 어서!"

이모가 숨을 몰아쉬면서 재촉했다.

한기는 다시 움직이기 시작하는 열차 위에 간신히 올라탔다. 힐끗 돌아보니 녹색 감시단이 이모를 따라가고 있었다.

한기는 열차 연결 통로로 올라와 객실의 문을 열었다. 이미 사람들이 많았다. 사람들을 헤치고 들어가기가 만만치 않았다. 조심스레 한기는 한발을 들여놓고 잠시 머뭇거리다가 안으로 몇 걸음 내딛었다. 그러자 몸을 부딪친 사람들이 노골적으로 싫은 내색을 했다. 그 때문에 한기는 객차의 중간까지 왔다가 멈추었다.

한기는 숨을 길게 내쉬었다. 비로소 좀 마음이 놓였다.

얼마쯤 갔을까? 기차가 터널로 들어갔다. 그리고 잠시 후 기차가 덜컹 소리를 내며 멈칫거렸다. 이어서 전등이 모두 꺼지고 사방이 캄캄해졌다. 그러더니 기차가 '끼익' 소리를 내며 출렁거렸다. 사람들이 웅성거리며 소리를 지르기도 했다.

다행스럽게도 오래지 않아 열차의 전등이 다시 켜졌다. 한기는 무슨 일인가 싶어 사방을 두리번거리는데 저편에서 녹색 옷을 입은 남자가 보였다.

"헉!"

한기는 반사적으로 몸을 돌렸다. 복잡한 사람들 틈을 헤쳐 나가는 것이 쉽지 않았다. 왠지 모르겠지만 아까보다 사람이 더 많아진 것 같았다. 한기는 한걸음씩 사람들 틈을 지나갔다. 녹색 옷의 남자가 더 가까이 다가와 있었다.

한기는 있는 힘을 다해 몇 걸음 나섰다. 다행히 객실 문이 손에 닿았다. 하지만 녹색 옷의 남자도 한기 등 뒤에 바짝 다가와 있었다.

그때 열차가 덜컹, 소리를 내며 빠르게 멈추기 시작했다. 한기는 객실 문의 손잡이를 잡았다가 놓쳤다. 그와 동시에 녹색 감시단의 손이 한기의 뒷덜미를 낚아챘다.

"안 돼!"

한기는 소리를 지르면서 온몸을 흔들고 몰려선 사람들을 마구 헤집었다. 그러자 사람들이 짜증을 냈다.

"얘, 차례차례 나가야지!"

"어휴! 이 녀석아, 사람들이 이렇게 많은 너만 먼저 나가려고?"

"위험해! 밀지 마!"

하지만 한기는 그 소리를 무시하고 사람들과 부딪치고 또 밀어내며 가까스로 출입문을 통과했다. 다행히 녹색 감시단은 한기의 뒷덜미에서 손을 놓았다.

한기는 출입문을 지나 객차 연결 통로로 나왔다. 거기에도 사람이 많이 서 있었다. 기차가 완전히 멈추고도 출입문이 열리지 않자 한기는 발을 동동 굴렀다. 그러면서 문 앞쪽으로 더 나아갔다. 사람들이 또 한 번 한기에게 무어라고 나무랐다.

"누가 이렇게 밀어?"

"다칠라. 조심해. 서두르지 말아!"

하지만 한기는 그럴 수 없었다. 녹색 감시단이 금방이라도 달려와 붙잡을 것만 같아서였다.

마침내 한기는 문 바로 앞까지 나왔고 동시에 '치익' 소리가 나면서 출입문이 열렸다. 한기는 재빨리 계단을 내려딛고 열차 바깥으로 나왔다.

"으아아아!"

한기는 자신도 모르게 소리치며 무작정 앞으로 달려갔다.

바로 그때였다.

"한기야! 어딜 가는 거야? 도한기!"

자신을 불러 대는 목소리에 한기는 뜀박질을 멈추었다. 그러고 나서 돌아보니 다름 아닌 이모였다.

"이모! 왜 여기 있어요? 얼른 달아나요."

"무슨 소리를 하고 있어? 어휴! 얼굴에 땀 좀 봐!"

"지금 녹색 감시단이 쫓아오고 있단 말이에요. 어서요!"

"얘가 왜 이러는 거야? 너 잠자다가 뛰쳐나온 거야?"

이모는 다급해 하는 한기가 이상하다는 듯 말했다. 그때였다. 열차에서 내린 사람들이 지나가며 한기에게 한 마디씩 했다.

"저 녀석, 아까 먼저 내리겠다고 사람들 밀치고 나가던 그 녀석이네?"

"열차 안에서 그리 퍼질러 자더니……."

"그러게요. 열차에서 도착 방송이 나오자마자 놀라서 뛰어나가더니만!"

뭘까? 한기는 고개를 갸웃거렸다. 그런데 그 사람들 중 한 남자가 눈에 띄었다. 녹색 점퍼를 입은 아저씨였다. 아저씨는 한기를 못마땅한 눈으로 쳐다보면서 지나갔다.

'가만, 그럼 혹시 그게 꿈이었다고? 설마……?'

그럴 리가 없었다.

한기는 이모를 쳐다보았다. 그러고 보니 이모의 모습이 달랐다. 입고 있는 옷차림새도 달랐고 단발머리 모양도 달랐다. 믿기지 않아 주위를 두리번거렸다. 아, 열차의 모양도 달랐다. 녹색 감시단에 쫓기며 올라 탄 열차는 붉고 파란 선이 죽죽 그어진 열차였는데 어이없게도 플랫폼에 서 있는 열차는 흰색 고속 열차였다.

한기는 자신도 모르게 고개를 저었다. 혹시나 해서 다시 이모에게 물었다.

"이모, 보일 아저씨는 어딨어요?"

"뭐? 보일 아저씨가 누군데? 얘가 정말 왜 이래?"

"정말 보일 아저씨 몰라요? 그럼, 여기엔 왜 서 있어요?"

"난 당연히 널 기다렸지. 네가 혹시 길을 잃을까 봐. 네 엄마한테 전화하니까 네가 7번 객차 4B 좌석에 탔다고 해서 딱 여기서 기다린 거라고!"

"저, 정말이에요?"

"그래, 이 녀석아! 그렇게 먹고 잠만 자니까 정신이 더 없지. 이 뱃살, 이거 어떻게 할 거야? 응?"

이모는 핀잔을 주듯 말하며 한기의 배를 쿡 찔렀다. 순간, 한기는 또 한 번 놀랐다. 보일 아저씨의 자전거 덕분에 쏙 빠졌던 살이 다시 붙어 있어서였다.

"으악! 내 몸이……. 이모, 내 몸이 왜 이래요?"

"자꾸 먹기만 하고 운동을 안 하니까 이 모양이지. 빨리 따라와. 이모네 농장은 여기서 좀 더 가야 해."

이모가 정신없어 하는 한기의 손을 잡아끌었다. 하는 수 없이 한기는 이모를 따라나섰다.

'정말 꿈이라고? 그렇게 생생했는데 모두 꿈이었단 말이야? 말도 안 돼!'

한기는 고개를 갸웃거리면서 선로를 건너는 육교에 올랐다. 기차역 건물 바깥으로 나온 뒤에도 도무지 믿기지 않았다.

하지만 더 어이없었던 건 그 다음이었다.

이모가 기차역 옆에 있는 주차장으로 가더니 은색 자동차 앞에 멈추어 섰다. 그러자 자동차 안에서 누군가 내렸다.

"헉! 보일 아저씨다!"

틀림없이 보일 아저씨였다. 수염 없는 얼굴이 매끈했고 나이는 훨씬 젊어 보였지만 곱슬머리며 길쭉한 얼굴이 틀림없이 보일 아저씨였다.

하지만 이모가 한기에게 꿀밤을 주었다.

"얘가 또 뭐라는 거야? 인사해. 이모 남자친구야. 이번 여름에 농장 일 도와주러 오신 거야."

"아니에요. 보일 아저씨 맞잖아요. 나한테 자전거만 타라고 하고 심부름만 잔뜩 시키고 먹을 거라고는 풀만 주던 그 아저씨 말이에요."

"······?"

한기의 말에 이모와 보일 아저씨는 서로의 얼굴을 쳐다보면서 고개를 갸웃거렸다. 어이없어 하는 표정이었다.

잠시 후 보일 아저씨가 말했다.

"어……. 무슨 말을 하는지 모르겠지만 우선 인사나 하자. 나는 김부열이라고 해. 네가 도한기지?"

그러면서 이모의 남자친구는 손을 내밀었다.

"거 봐요. 보일 아저씨잖아요."

"아니, 보일이 아니고 부열. 김부열이라고. 글자로 다르고 발음도 다르잖아."

"그게 그거예요. 나한테는 똑같이 들린다고요."

"거 참, 아니라니까!"

김부열 아저씨는 고개를 저으며 목소리를 높였다. 그러자 이모가 나섰다.

"일단 차에 타자. 그리고 가면서 이야기해. 운전은 부열 씨가 해 주세요."

하는 수 없이 한기는 자동차에 올라탔다.

곧 자동차는 역 광장 앞을 돌아 시내로 잠깐 들어섰다가 금세 시골길을 달렸다.

한기는 뒷자리에서 숨을 돌렸다. 그러자마자 그동안 겪었던 일들이 동영상처럼 하나씩 떠올랐다. 얼결에 보일 아저씨를 따라서 보트를 타고 도망치던 일과 미친 듯이 매일 자전거를 탔던 일 그리고 이상한 도시에서 도망다니고 열기구까지 타고 이모를 구해낸 일.

그런 생각을 하면서 한기는 새로운 사실 하나를 깨달았다.

'맞아. 보일 아저씨랑 함께 있으면서 자전거 타다 보니까 살도 빠지고……. 무엇보다 그렇게 쉴 새 없이 뛰고 달아나고 했는데 하나도 숨이 차지 않았어. 틀림없이 이모도 내게 튼튼해졌다고 했고.'

그런 생각을 하고 있자니 한기는 자신도 모르게 슬쩍 미소가 지어졌다.

생각은 꼬리를 이었다.

'맞아. 정말 멋지지 않았어? 강도를 물리치기도 했잖아. 그리고 무엇보다 열기구를 혼자 착륙시켰다고. 아, 그런 모습을 새봄이가 봤어야 했는데…….'

그러다가 다시 고개를 갸웃거렸다.

'그렇지만 현실은……, 후유. 아니야. 보일 아저씨랑 했던 대로 자전거도 타고 채소도 좀 많이 먹으면 되지 않을까? 어쩌면…….'

한기는 이모에게 물었다.

"이모네 농장에 자전거 있어요?"

"물론 있지. 자전거 타게?"

"그야, 뭐……."

한기는 우물쭈물했다. 그 모습을 본 이모가 씩 웃었다.

그 사이 차는 가파른 길로 들어섰다. 그리고 오르막길을 계속 올라갔다. 아까만 해도 논과 밭이 보이고 집들이 보였는데 지금은 하나도 보이지 않았다. 울창한 나무와 숲뿐이었다. 한기는 뭔가 불길한 기분이 들기 시작했다.

심지어 조금 더 올라가자 귀가 먹먹하기도 했다.

"이모, 귀가 먹먹해요."

한기는 귀를 만지며 말했다. 그때 운전을 하고 있던 김부열 아저씨가 대신 대답했다.

"아, 그건 압력 때문이야. 산 아래에 있을 때는 고막의 안과 밖의 압력이 같은데 **높은 곳에 오르면 귀 밖의 압력이 낮아지지. 그러면 귀 안의 공기가 팽창해서 고막을 밀어내기 때문에 먹먹해 지는 현상이 생기는 거야.**"

그 말을 듣는 순간, 한기는 보일 아저씨의 목소리를 듣는 듯한 기분이 들었다. 그래서 앞 좌석을 향해 큰 소리로 말했다.

"내 말이 맞잖아요. 보일 아저씨죠?"

"거 참, 아니라는데 왜 그래?"

"아니에요. 맞아요. 맞는데 왜 아니라고 해요?"

한기는 목소리를 높였다. 하지만 김부열 아저씨도 단호하게 말했다.

"아니야. 절대 아니라고! 난 김부열이라고 했잖아. 왜 이렇게 고집이 센 거야?"

하지만 한기는 고개를 저었다. 틀림없었다.

왜냐하면 이모가 '이제 다 왔어.'라고 말하는 순간, 자동차 앞 유리창으로 아주 낯익은 건물 한 채가 눈에 들어왔기 때문이었다. 그것은 다름 아닌 피라미드처럼 생긴 유리 온실이었다.

보일의 법칙을 발견한
보일은 어떤 사람일까?

서울여자고등학교 화학 교사 강대훈

1. 보일의 생애

 영국의 상류 사회의 교육을 받다

로버트 보일(Robert Boyle)은 1627년 1월 25일 아일랜드 리즈모어의 부유한 귀족 집안에서 태어났어요. 아버지 리처드 보일(Richard Boyle)의 열네 번째 자녀이자 일곱 번째 아들로 태어났어요. 보일이 태어날 때 아버지는 60세가 되었으며 어머니도 나이가 적지 않은 편이었어요.

집안 형편은 넉넉했지만 어린 보일이 마냥 행복하기만 한 것은 아니었어요. 아버지는 아기 보일을 가난한 가정에 보내 몇 년 동안 살도록 했어요. 아버지는 그런 경험이 보일을 강하게 만든다고 생각했던 거지요. 이와 같은 아버지의 엄격한 교육과 어릴 때 어머니가 돌아가신 일 때문에 보일은 한때 말을 더듬기도 했고 우울증을 앓기도 했답니다.

보일은 어릴 때 집에서 가정교사로부터 라틴어, 그리스어, 프랑스어 등을 배웠어요. 여덟 살 무렵 아버지의 친구 헨리 워튼이 있는 이튼 학교를 3년을 다닌 다음 열두 살 때 '그랜드 투어'에 오르게 됩니다. 그랜드 투어는 17세기 중반부터 19세기 초반까지 유럽과 영국의 상류 사회에서 자녀의 교육 방법으로 유행하던 것으로 유럽을 여행하면서 다양한 경험을 하는 것이었어요.

보일은 프랑스인 가정교사와 2년여 간 제네바 등지를 여행하면서 견문을 넓혔어요. 열네 살 때인 1641년 피렌체에서 겨울을 지내는 동안 갈릴레오 갈릴레이(1564~1642)가 쓴 책 《위대한 천문학자의 페러독스》를 읽고 과학 공부하는 즐거움을 경험하고 근대 과학에 눈을 뜨게 되지요. 보일은 갈릴레이가 수학으로 행성의 운동을 설명한 것에 깊은 감명을 받고 지구가 태양 주위를 돈다는 갈릴레이의 주장을 지지했어요. 갈릴레이는 피렌체와 가까운 곳에서 살고 있었는데 이미 나이 많은 노인이었으므로 보일이 만날 수는 없었어요.

 실험을 중요성을 강조하다

보일은 행성의 운동, 물체의 운동, 음악 등 우리 주변의 모든 지식을 수학으로 설명할 수 있다는 갈릴레이의 주장을 적극 받아들였어요. 갈릴레이에게서 받은 이러한 자극이 '과학은 실험을 통해야 한다.'는 보일의 생각으로 굳어졌어요.

여행하는 동안 유럽의 과학에 깊은 관심을 가지게 된 보일은 1644년 귀국하자마자 근대 과학에 뜻을 둔 여러 과학자와 함께 활발한 활동을 했어요. 그때 보일의 나이는 열일곱 살이었어요.

보일이 귀국했을 때는 아버지마저 돌아가신 뒤였어요. 보일이 아주 어릴 때 어머니가 돌아가셨기 때문에 보일은 열세 살 위의 누나 캐서

린을 어머니처럼 의지하며 살았어요. 보일이 귀국한 다음 실험에 전념할 수 있었던 것도 곁에서 보일을 지켜 준 누나 덕이었어요.

  보일은 1646년 런던에 새로 생긴 과학자 모임 '보이지 않는 대학(invisible college)'에 가입하였는데 이 모임에는 실험 과학의 중요성을 깨닫고 실천하는 과학자들이 함께 했어요. 보일은 아버지가 돌아가시면서 남긴 유산을 실험하는 데 주로 썼어요. 보일은 실험실을 만들고 의학과 화학에 관련된 실험을 주로 했어요.

보일도 한때 당시에 유행하던 연금술에 빠지기도 했어요. 다른 연금술사들과 마찬가지로 현자의 돌(Philosophers' Stone)을 발견하기 위해 많은 시간을 들였으나 결국 실패하고 말았지요. 연금술은 현대 과학으로 보면 허무맹랑한 것이었지만 여러 가지 실험 기구를 만들어 내고 다양한 실험 방법을 알아내는 데 커다란 역할을 했어요.

당시의 연금술사들은 자신들이 새롭게 알아낸 내용을 다른 사람들이 알 수 없도록 비밀로 하거나 모호하게 표현했어요. 그렇지만 보일은 자기의 연구 결과를 책으로 펴내 많은 사람들이 연구를 이해할 수 있도록 했어요. 보일은 실험 과정이나 실험 장치는 물론 실험 결과를 자세히 책에 써 두었으므로 다른 과학자들에게도 많은 도움을 주었어요. 보일의 영향으로 프리스틀리, 라부아지에 같은 과학자가

훌륭한 업적을 남길 수 있었지요.

보일은 1650년 최초의 화학책《독약을 의약품으로 바꾸는 일에 관해서》를 비롯하여 여러 권의 책을 출판하였으며 대중들에게 의학의 일부로 여겨졌던 화학을 학문의 한 분야로 인식하게 했어요. 보일은 근대 화학의 기반을 닦는 데 커다란 역할을 했답니다.

보일은 화학의 기초를 다진 것으로 알려진 책《의심 많은 화학자 (The Sceptical Chymist)》에서 실험의 중요성을 강조하는 유명한 말을 남겼어요. 그것은 바로 "아무도 믿지 마라, 나도 믿지 마라, 대가가 해 놓은 것이라고 함부로 믿지 마라, 네가 검증하고 확인한 것만 믿어라."라는 말이에요. 이 말을 보면 보일이 실험을 얼마나 중요하게 생각했는지 알 수 있어요.

보일의 법칙을 발견하다

짐을 많이 실은 트럭은 빈 트럭에 비해 타이어가 더 많이 눌려 있는 것을 볼 수 있어요. 이와 비슷한 현상은 일상생활에서 쉽게 볼 수 있어요. 이를테면 공기 주머니가 들어 있는 운동화가 선수들의 부상을 줄이는 역할을 하는 것은 점프를 한 다음 발이 바닥에 닿을 때 공기 주머니의 부피가 줄어들면서 충격을 흡수해 주기 때문이에요. 또 드문 경우이지만 높은 산에서 과자 봉지가 부풀어 빵빵해질 때가 있어요. 이러한 현상을 '온도가 일정할 때 일정량의 기체의 부피는 압력에 반비례한다.'고 과학적으로 설명한 사람이 바로 보일이며, 이 법칙을 '보일의 법칙'이라고 해요.

보일은 조수인 로버트 훅과 함께 성능이 좋은 공기 펌프를 만들어 기체에 대한 다양한 실험을 하였으며 '진공'의 존재를 증명했어요. 보일은 1662년 공기 때문에 생기는 현상을 설명하는 책 《공기의 탄력과 무게에 관한 학설의 옹호》를 썼는데 이 책의 중요한 내용 중 하나가 '보일의 법칙'이에요.

보일은 3미터가 넘는 J자 모양의 유리관과 수은을 이용하여 기체의 압력과 부피의 관계를 알아내기 위한 실험을 했어요. 당시의 기술로 3미터가 넘는 유리관을 제작하는 것은 쉽지 않은 일이었을 뿐 아니라 수은을 사는 데도 많은 돈이 드는 일이었어요. 보일은 자기의 재산을 아낌없이 실험을 하는 데 사용했으며 수많은 실패를 거듭한

끝에 마침내 보일의 법칙을 탄생시켰어요. 전해지는 이야기로는 보일이 3미터가 넘는 유리관을 이용하여 실험을 하기 위해서는 실험실의 지붕을 뚫어야 했다고 해요.

보일의 법칙은 단순히 기체의 부피와 압력과의 관계를 설명하는 것을 뛰어넘어 당시로서는 생각하기 어려운 내용이었어요. 오늘날 '공기가 압축된다.'는 말은 누구나 쉽게 이해할 수 있는 내용이지만 보일이 보일의 법칙을 발표할 당시의 사회 분위기로는 상상할 수 없는 것이었어요. 당시에는 자연 현상을 설명할 때 종교적 관점에서 해석하는 일이 많았어요. 공기가 압축된다는 것은 공기를 이루는 입자 사이에 빈 공간이 있어야 가능한 현상인데, 빈 공간이 있다는 것은 '신은 완전한 존재'라고 인식한 당시의 종교관으로 받아들일 수 없는 사실이었지요.

종교적으로 신은 전지전능하고 부족함이 없다는 믿음이 강했던 시기에 '빈 공간'이 존재한다는 것은 신의 능력을 부인하는 말로 여겨졌어요. 그러므로 공기를 이루는 입자 사이에 빈 공간이 존재한다는 말은 매우 위험한 표현이었던 거지요. 보일 역시 신앙심이 깊은 사람이었어요. 그렇지만 보일은 자연 현상을 해석하는 데 있어서 종교적 관점의 해석보다 객관적인 실험 증거가 중요하다는 것을 강조했던 거지요.

1662년에 발표된 보일의 법칙이 위대한 업적인 것은 기체의 온도와 부피 관계를 다룬 '샤를의 법칙'이 1787년에 발표되었다는 점에서 예요. 기체에 대한 내용을 공부할 때 보일의 법칙과 샤를의 법칙은 늘 같이 다루는 법칙인데 이 두 개의 법칙 사이에는 100년 이상의 시간 차이가 있는 것이지요. 그만큼 1662년에 발표된 보일의 법칙이 과학사에 빛나는 중요한 업적이고 과학 발달에 커다란 공헌을 했음을 알 수 있어요.

보일의 법칙을 아는 사람은 잠수병에 걸리지 않는다는 이야기를 아시나요? 깊이가 30미터 정도인 바닷속에 있던 잠수부가 3미터 지점에 다다르면 압력이 작아져서 30미터 바닷속에서 숨을 쉴 때 들이마셨던 공기의 부피가 네 배 정도 커지게 돼요. 만약 이때 잠수부가 숨을 쉬지 않는다면 폐가 터질지도 몰라요. 잠수부가 갑자기 물 밖으로 나오면 혈액 속에 녹아 있던 질소가 커다란 기포로 부풀어 혈관을 막아요. 이때 심하면 생명을 잃기도 하는데 이것이 바로 잠수병이어요. 만약

보일의 법칙을 알고 있는 잠수사라면 천천히 수면 위로 올라와 잠수병에 걸리는 것을 예방할 수 있겠지요? 여러분들도 언제 일어날지 모르는 사고에 대비해 보일의 법칙을 잘 알아두도록 하세요.

 다양한 분야에 관심을 가진 보일

보일은 오래전부터 염색공들이 경험적으로 보라색 식물 즙을 이용하여 빨간색이나 청록색을 만들어 사용하는 것을 알게 되었어요. 염색공들은 보라색 식물 즙의 색깔이 변하는 까닭을 알지 못한 채 색을 만들어 사용하였지만 보일은 보라색 식물 즙의 색깔이 달라지는 까닭이 궁금했어요. 보일은 연구에 연구를 거듭하여 보라색 식물 즙에 산을 넣으면 빨간색으로 변하고, 염기를 넣으면 청록색으로 변한다는 사실을 알아내었어요. 이 같은 연구 결과는 산과 염기를 구별하는 지시약 연구로 이어졌으며 리트머스 이끼에서 얻은 추출액으로 만든 리트머스 종이는 오늘날에도 산 염기를 구별하는 방법으로 이용되고 있어요.

보일은 '물질이 입자로 되어 있다'는 생각으로 1661년에 입자론을 다룬 책 《입자 철학을 설명하는 데 유용한 화학 실험의 예》를 썼어요. 물질이 입자로 되어 있다는 보일의 주장은 물질이 연속적으로 되어 있다고 여긴 당시 사람들의 생각과 배치되는 것이었어요.

당시의 사람들은 종교적인 믿음으로 물질에 대해 설명했어요. 앞

에서도 언급했듯이 신은 완벽하므로 신이 물질에 빈 공간을 둘 리 없다고 생각했던 거지요. 그러므로 모든 물질을 자르면 계속 작게 자를 수 있다고 생각한 것이었어요. 사실 물질을 이루는 원자나 분자 같은 입자는 그 크기가 너무 작아 눈으로는 볼 수 없기 때문에 정확히 알기는 어려웠지요.

하지만 보일은 눈으로 보이지 않는 작은 세계에 대해서도 실험 결과를 바탕으로 주장했기 때문에 다른 사람들이 보일의 주장을 받아들일 수밖에 없었답니다. 물질이 입자로 되어 있을 것이라고 생각하지 않았다면 아마 보일의 법칙도 탄생하지 못했을 거예요. 기체 입자 사이에 공간이 없다면 기체에 압력을 가했을 때 부피가 줄어드는 일은 일어나지 않았을 테니까요.

　보일은 뉴턴, 로버트 훅 등과 함께 영국의 왕립학회를 창립하는데 주도적인 역할을 했으며 기체에 관한 연구는 물론 빛이나 열에 관한 연구, 연금술의 새로운 이용 등에 깊은 관심을 가지고 있었어요. 어떤 분야에나 실험의 중요성을 강조했답니다.

2. 보일의 삶에서 배울 점

보일은 어릴 때 호기심이 많은 소년이었어요. 궁금한 것은 무엇이든지 끝까지 알아보려고 노력을 했지요. 오래전 권위 있는 과학자들이 세워 놓은 이론들도 다른 각도에서 보려고 노력하고 이전의 과학자들과는 다른 생각으로 자연 현상을 보고 설명하려고 노력했어요.

보일이 '근대 화학의 아버지'라고 불리는 까닭 중 하나는 어떤 현상을 설명할 때 주관적인 생각에 의한 설명이나 종교적 관점에서의 해석을 벗어났다는 점입니다. 이전의 과학자들은 어떤 현상을 설명할 때 권위를 앞세워 직관적인 자기의 생각을 중요시하였지만 보일은 철저히 실험에 근거한 결과를 바탕으로 설명했어요. 기원전 철학자 데모크리토스가 물질은 원자로 되어 있으며 원자와 원자 사이에는 빈 공간이 있다고 한 학설은 2000년이 넘도록 실험으로 증명할 수 없었어요. 그런데 보일이 여러 가지 실험을 통해 입자와 입자 사이에는 빈 공간이 있음을 증명해 낸 것이지요. 물질 사이에 빈 공간이 있음을 알아낸 보일의 업적은 당시로서는 커다란 충격이었어요. 종교적으로 받아들일 수 없었기 때문이지요. 이러한 상황에서 보일은 실험 결과로 입자 사이에 공간이 있음을 증명함으로써 과학에서 실험이 얼마나 중요한지를 일깨웠어요.

보일은 과학자들이 지녀할 덕목으로 실험의 중요성뿐 아니라 교만

하지 않고 독선적이지 않으며 실수를 인정할 줄 아는 자세를 강조했어요. 보일의 삶을 통해 우리는 객관적인 태도와 과학적 증거의 중요성을 깨달아야 해요. 보일은 종교적으로도 신앙심이 깊은 사람이었어요. 그렇지만 종교적 믿음 못지않게 객관적인 과학적 증거를 중요시했지요.

  어린이 여러분도 친구들과 지낼 때 자기 생각만을 주장하는 사람이 아니라 다른 친구의 말에 귀를 기울일 줄 알고, 친구들을 설득할 때는 객관적인 자료를 바탕으로 해야 한다는 것을 잊지 않았으면 좋겠어요. 또한 실수를 했을 때는 자기의 실수를 인정하고 잘못을 반복하지 않았으면 좋겠어요.

과학의 기초를 잡아주는
처음 과학동화 **독후활동지**
보일 아저씨네 유리 온실

강승임 이을교육연구소 소장

**과학의 기초를 잡아주는 처음 과학동화 독후활동지,
과학 학습에 어떤 도움이 될까?**

〈처음 과학동화〉 시리즈는 과학 분야를 대표하는 위인들이 등장하여 그들이 연구한 과학적 지식을 재미있게 풀어 나가는 형식으로 꾸며져 있습니다. 동화를 재미있게 읽고 나서 독후활동지를 한 문제 한 문제 풀어 가다 보면 과학 위인들의 대표 이론을 다시 한 번 되새기고 과학적 탐구심을 충족시킬 수 있을 것입니다. 또한 비판적인 글쓰기를 통해 자신의 생각을 올바르게 표현하는 방법도 익힐 수 있습니다.

〈과학의 기초를 잡아주는 처음 과학동화 독후활동지〉는
이렇게 구성돼요.

I. 과학 기초 지식 쌓기 동화 내용의 이해
동화 각 장의 소제목이기도 한 로버트 보일의 교훈을 점검해 보고, 동화 속에서 그 내용이 어떻게 적용되었는지 적어 보면서 과학 기초 지식을 쌓습니다.

II. 과학 창의력 기르기 이해와 비판
동화를 통해 익힌 과학 지식을 친구들과 토론해 보고 글로 써 보며 생각을 넓히고, 동화 속에서 느낀 점을 자신의 경험과 맞물려 표현하는 능력을 키웁니다.

III. 과학자 연구 – 로버트 보일
부록의 내용을 바탕으로 로버트 보일의 삶을 이해하고, 로버트 보일의 삶에서 오는 교훈이 현대 사회에 어떤 도움이 되는지 적어 보며 논리적 사고를 키웁니다.

학부모 및 교사용 도움말

교과연계	〈4학년 2학기 국어〉 6. 본받고 싶은 인물을 찾아봐요 인물의 본받을 점을 생각하며 글을 읽을 수 있다. 〈5학년 1학기 국어〉 5. 글쓴이의 주장 생각과 주장에 대한 적절한 근거를 이야기할 수 있다. 〈5학년 1학기 과학〉 1. 과학자는 어떻게 탐구할까요? 탐구 문제를 정하고 실험을 계획할 수 있다. 〈6학년 1학기 과학〉 3. 여러 가지 기체 공기를 이루는 여러 가지 기체의 성질을 알 수 있다.

I. 과학 기초 지식 쌓기 동화 내용의 이해

○ 교과연계 ○
〈5학년 1학기 국어〉
5. 글쓴이의 주장

《보일 아저씨네 유리 온실》 본문에는 각 장마다 어린이 여러분께 전하고자 하는
보일의 교훈을 소제목으로도 적어 두었어요. 동화 내용을 다시 한 번 떠올려 보며 아래 질문들에 답해 보세요.
적는 동안 자연스럽게 어린이 여러분 마음속에도 과학 지식이 차곡차곡 쌓일 거예요.

1. 한기네 반 담임 선생님은 별 모둠 아이들이 이어달리기에서 진 한기를 못마땅하게 여기자 한기의 역할을 무엇에 비유하나요?

교과연계
〈6학년 1학기 과학〉
3. 여러 가지 기체

2. 햄버거와 지구 온난화는 어떤 관계가 있나요?

○ 교과연계 ○
〈6학년 1학기 과학〉
3. 여러 가지 기체

3. 보일 아저씨가 말한 산소의 특징을 정리해 보세요.

○ 교과연계 ○
〈6학년 1학기 과학〉
3. 여러 가지 기체

4. 보일 아저씨는 방귀세가 있는 이유가 무엇이라고 했나요?

교과연계
〈6학년 1학기 과학〉
3. 여러 가지 기체

5. 한기는 가방을 검사하려고 한 낯선 남자에게서 어떻게 도망칠 수 있었나요?

○ 교과연계 ○
〈6학년 1학기 과학〉
3. 여러 가지 기체

6. 보일 아저씨가 말한 열기구의 원리를 설명해 보세요.

○ 교과연계 ○
〈6학년 1학기 과학〉
3. 여러 가지 기체

7. 보일 아저씨는 헬륨 풍선을 날리며 곧 터질 거라고 말합니다. 그 이유는 무엇인가요?

_____
_____
_____
_____
_____
_____
_____

8. 이모와 탄 차가 산 위로 올라가자 갑자기 왜 귀가 먹먹했나요?

_____
_____
_____
_____
_____
_____
_____

II. 과학 창의력 기르기 이해와 비판

> 교과연계
> 〈5학년 1학기 국어〉
> 5. 글쓴이의 주장

앞에서 살펴본 동화 내용을 바탕으로 사고를 확장시켜 볼 거예요. 아래 문제들을 친구들과 함께 토론해 보세요. 나와는 다른 다양한 입장과 해결 방안이 있다는 걸 깨닫게 될 거예요. 또한 동화를 읽고 느낀 점을 자신의 경험과 연결하여 글로 써 보세요. 나를 더 잘 표현할 수 있는 좋은 연습이 될 거예요.

【과학 창의 토론】

1. 고기는 사람들이 아주 좋아하는 음식 중의 하나입니다. 그런데 고기를 얻기 위해 가축을 사육하는 과정에서 환경 파괴가 심각하다고 해요. 이 문제를 해결하기 위한 방법에 대해 토론해 보세요.

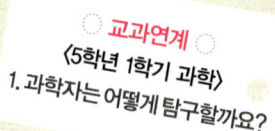

2. 보일 아저씨는 기체에 대한 지식이 풍부합니다. 이렇게 과학 지식을 알면 좋은 점이 무엇일지 책 속의 예를 들어 토론해 보세요.

> 교과연계
> 〈6학년 1학기 과학〉
> 3. 여러 가지 기체

【과학 창의 논술】

1. 한기가 가게 된 미래 사회는 지구 온난화가 심각해 이산화탄소 배출을 철저히 금지하고 있었습니다. 현재의 다양한 환경문제들이 해결되지 않으면 미래에 어떤 일이 벌어질지 상상해서 써 보세요.

    _____
    _____
    _____
    _____
    _____
    _____
    _____

2. 이 책에는 여러 가지 기체의 성질이 나옵니다. 이를 참고하여 기체들이 서로 자신의 특징을 뽐내는 과학 동화를 지어 보세요.

    _____
    _____
    _____
    _____
    _____
    _____

III. 과학자 연구 – 로버트 보일

동화를 읽고 '보일 아저씨는 어떤 분일까?' 하는 궁금증이 생겼나요? 이제 부록에 소개된 보일 아저씨의 삶과 사상을 복습해 볼 거예요. 부록을 꼼꼼히 읽고 문제를 풀어 보세요.

○ 교과연계 ○
〈4학년 2학기 국어〉
6. 본받고 싶은 인물을 찾아봐요

1. 어린 시절 보일은 피렌체 여행을 하며 갈릴레이의 책을 읽고 어떤 영향을 받았나요?

___
___
___
___
___
___
___
___
___
___
___
___
___
___
___
___
___

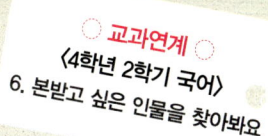

2. 보일이 당시의 연금술사들과 달랐던 점은 무엇인가요?

3. 기체의 부피와 압력의 관계에 관한 법칙인 보일의 법칙을 설명해 보세요.

4. 보일의 입자론은 당시의 생각과 어떻게 달랐나요?

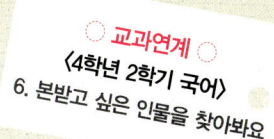

5. 과학에 대한 보일의 태도에서 배울 점을 말해 보세요.

학부모 및 교사용 도움말

I. 과학 기초 지식 쌓기 동화 내용의 이해

1. 담임 선생님은 별 모둠 아이들이 한기 때문에 이어달리기에 졌다면서 한기에게 불평불만을 쏟아내자 한기의 장점에 대해 말해 준다. 눈에 보이지 않는 공기의 움직임 때문에 바람이 일어나는 것처럼 모둠에서 한기의 역할도 눈에 보이지 않는 듯하지만 모둠을 위해 나름 제 역할을 잘해 낸다는 것이다. 선생님은 쪽지 시험에서 한기 덕분에 모둠 평균이 올라가 2등을 한 일을 상기시켜 주었다.

2. 햄버거의 패티는 보통 소고기로 만들어진다. 그런데 이 소고기를 공급하기 위해 대규모로 소가 사육되는데, 이때 소의 배설물에서 온실가스가 많이 나오고 이후 소를 도축하고 패티로 만드는 과정에서도 온실가스가 많이 배출된다. 온실가스는 온실 효과를 만드는 주범이기에 패티가 들어 있는 햄버거가 결과적으로 지구 온난화를 부추긴다고 볼 수 있다.

3. 산소는 공기 중에 가장 많은 성분을 차지하는 기체이다. 우리가 숨을 쉴 때 필요한 기체이기도 한데, 여러 가지 물질이 타는 것을 도와주는 성질이 있다. (추가 설명: 산소는 우리 몸속에 들어와 양분을 연소시켜 에너지를 만드는 것을 돕는다. 에너지가 있어야 생명을 유지할 수 있다.)

4. 방귀 속에는 메탄이라는 가스가 들어 있는데, 이것이 온실 효과의 주범이기 때문이다. 온실가스에서 메탄이 차지하는 비율은 높지 않지만 이산화탄소의 20배가 넘는 파괴력을 지닌다고 하였다.

5. 한기는 수소의 성질을 이용해 낯선 남자에게서 도망칠 수 있었다. 수소는 아주 가벼운 기체인데, 모든 동식물을 구성하는 성분일 뿐만 아니라 폭발성이 있다. 한기는 가방 속에서 수소의 원소 기호인 H가 써진 병을 꺼내 빨간 단추를 눌러 수소가 나오게 한 뒤 촛불에 붙여 폭발한 틈을 이용해 재빨리 달아났다.

6. 열기구의 원리는 기체의 성질과 관련이 있다. 기체는 차가운 공기보다 따뜻한 공기가 위로 올라가려는 성질이 있다. 따라서 주머니 안의 온도를 높이면 주머니 속의 공기 분자들이 활발하게 움직여서 점점 부피가 커진다. 쭈그러들었던 주머니가 부풀어 오르는 것이다. 이렇게 부피가 커지면 주머니 안의 기체의 밀도는 낮아지기 때문에 주변 공기보다 가벼워져 위로 뜨게 되는 것이다.

7. 헬륨은 공기보다 가볍기 때문에 풍선 안에 헬륨 가스를 넣으면 곧 공중으로 떠오른다. 하지만 높이 올라갈수록 공기가 희박해져서 풍선을 누르는 공기의 압력이 작아지게 되면 헬륨 풍선이 터지고 만다. 그 이유는 상대적으로 풍선 속의 기체 부피는 커지게 되고, 결국 풍선이 이 부피를 감당하지 못해 터지는 것이다.

8. 산 위에 올라가면 압력 차이 때문에 귀가 먹먹해진다. 산 아래에 있을 때는 귀의 고막 안과 밖의 압력이 같은데, 높은 곳에 오르면 공기가 희박해져 귀 밖의 압력은 낮아지고 상대적으로 귀 안의 공기의 압력이 높아지기 때문에 귀 안의 공기가 팽창하면서 고막을 밀어내 순간 귀가 먹먹해지는 것이다.

II. 과학 창의력 기르기 이해와 비판

【과학 창의 토론】

1. 사람들이 고기 음식을 좋아하는 만큼 소비량도 많아 가축도 대규모로 사육되고 있는데, 이 과정에서 많은 온실가스가 배출되어 지구 온난화를 심화시키고 있다. 이 문제를 해결하려면 크게 세 가지 차원에서 접근할 수 있을 것이다. 하나는 아예 고기 소비량을 줄이는 것이다. 그러면 가축 사육 또한 줄게 되어 온실가스 배출을 줄일 수 있다. 이때 고기 소비량을 어떻게 줄일 수 있는지에 대해서까지 이야기를 나눠 본다. 두 번째 방법은 대체 고기를 이용하는 것이다. 식물성 단백질로 고기 맛을 내거나 곤충 등을 이용해 패티를 만들 수 있다. 세 번째는 온실가스를 에너지나 다른 용도로 사용할 수 있도록 기술적으로 해결하는 방법이다. 그 외 이산화탄소 같은 온실가스는 식물의 광합성에 이용되므로 가축을 사육하는 농장은 반드시 숲을 가꾸도록 하는 법을 만들 수도 있을 것이다.

2. 과학 지식을 알면 좋은 점이 크게 두 가지가 있다. 하나는 어떤 사건이나 현상에 대해 그 원인 및 결과 등을 객관적으로 설명할 수 있다는 것이다. 예를 들어 지구 온난화가 무엇 때문에 일어나고 그 결과 어떤 일들이 벌어지는지 알 수 있다. 그리고 과학 지식을 이용해 여러 가지 물건이나 기술을 발명하거나 문제를 해결할 수 있다. 보일 아저씨는 기체의 성질을 이용해 열기구를 움직였고, 한기는 수소의 성질을 이용해 위기에서 벗어났다. 또 질소의 성질을 이용해 열기구의 불을 꺼 계속 높이 오르는 것을 막았다.

【과학 창의 논술】

1. 현재의 환경 문제들을 꼽아 보면 지구 온난화 문제 외에 쓰레기 문제, 환경 호르몬 문제, 미세먼지 문제 등을 들 수 있다. 이런 문제가 해결되지 않으면 지구는 쓰레기장이 되어 곳곳에 악취가 진동하고 어질러진 도시에서 살아야 할 것이다. 미래 사회에 쓰레기와 관련한 법이나 쓰레기 문제를 해결하기 위한 기술이 어떻게 발전할지 상상해 본다. 그리고 환경 호르몬은 생태계를 파괴하여 기형 생물이 나타나거나 많은 동물이 번식하는 기능을 잃어버리게 할 수 있다. 이런 사회의 모습도 상상해 본다. 한편 미세먼지 문제는 사람들이 방독면을 쓰고 생활해야 하는 사회를 만들 수 있다. 이러한 사회에서 하루를 보내는 상상 일기 형식으로 써 보도록 한다.

2. 책에는 여러 가지 기체의 성질이 나온다. 이산화탄소, 산소, 수소, 메탄, 헬륨 등이다. 그 특징을 간단히 정리해 보면, 이산화탄소는 지구를 따뜻하게 하는 원인이 되고, 산소는 물질이 타는 것을 도와주며, 수소는 폭발성이 강하고, 메탄은 이산화탄소보다 지구 온난화에 더 큰 영향을 미친다. 그리고 헬륨은 공기보다 가볍다. 이들 기체들이 자신들의 특징이 무엇이고 어째서 더 훌륭한 특징인지 쓰임새를 자랑하는 이야기를 지어 본다. 예를 들어 산소는 "너희들! 내가 세상에서 제일 훌륭한 기체야. 내가 없으면 숨을 어떻게 쉬니? 다 죽고 말걸!"이라고 뽐낼 수 있고, 수소는 "난 가장 작고 가볍지만 힘이 제일 세. 그러니 내가 작다고 까불지 마! 난 불만 붙으면 완전히 폭발시켜 버릴 수 있다고!"라는 식으로 자랑할 수 있다.

III. 과학자 연구 – 로버트 보일

1. 보일은 어린 시절 여행을 많이 했는데, 열네 살 겨울에 피렌체에서 갈릴레이의 책 《위대한 천문학자의 패러독스》를 읽고 공부하는 즐거움과 근대 과학에 대해 알게 된다. 보일은 갈릴레이가 수학으로 행성의 운동을 설명한 것에 깊은 감명을 받고 이를 적극 받아들여 이후 '과학적 지식은 실험을 통해 증명되어야 한다'는 생각을 갖게 되었다.

2. 당시 연금술사들은 현자의 돌을 만드는 실험 같은 비현실적이고 허무맹랑한 실험에 몰두하였다. 그리고 이들은 자신들이 알아낸 사실을 비밀에 부쳐 다른 사람들과 공유하지 않았다. 이와는 달리 보일은 눈앞의 자연 현상에 관심을 갖고 연구를 진행했으며 실험 방법과 결과 등을 책으로 펴내 많은 사람들과 공유함으로써 과학 발전에 이바지하였다.

3. 보일의 법칙은 기체의 부피와 압력의 관계에 관한 것이다. 한 마디로 말하면 "온도가 일정할 때 일정량의 기체의 부피는 압력에 반비례한다."라고 정리할 수 있다. '반비례'란 한쪽이 커지면 다른 한쪽은 작아진다는 뜻인데, 보일의 이 법칙을 풀이하면 압력이 높으면 기체의 부피가 작아지고, 반대로 압력이 낮으면 기체의 부피가 커진다는 뜻이다. 이는 풍선이나 타이어를 눌렀을 때, 곧 압력을 가했을 때 눌리는 현상을 보면 알 수 있다. 풍선이나 타이어가 눌린다는 것은 부피가 줄어들었다는 뜻이기 때문이다.

4. 보일은 모든 물질이 입자로 되어 있다고 생각했고 이를 실험으로 증명했다. 이는 물질이 연속적으로 되어 있다는 당시의 일반적인 생각과 완전히 배치되었다. 물질이 입자로 되어 있다면 빈 공간이 있다는 뜻인데 당시 사람들은 종교적인 과학관을 가지고 있어서 신은 빈 공간을 만들기 않았을 거라고 단정한 나머지 실험을 해 보지도 않고 무조건 물질이 연속적으로 이루어져 있다고 생각했다.

5. 보일은 과학 연구를 할 때 객관적인 태도로 임하는 것을 가장 중요하게 생각했다. 어떤 현상을 설명할 때 주관적인 생각이나 종교적 권위를 따를 것이 아니라 철저한 실험에 근거해야 한다고 주장했다. 그리고 과학자는 교만하거나 독선적이지 않고 실수를 인정할 줄 알아야 한다고 강조했다. 보일의 이러한 자세는 과학 연구를 할 때나 다른 사람과 논쟁을 할 때 객관적인 태도와 근거로써 임해야 함을 일깨워 준다.

과학의 기초를 잡아주는 처음 과학동화 ⓬
보일 아저씨네 유리 온실

1판 1쇄 인쇄 | 2019. 6. 18.
1판 1쇄 발행 | 2019. 6. 24.

한정영 글 | 김고은 그림 | 강대훈 도움글

발행처 김영사
발행인 고세규
편집 김효성 디자인 홍윤정
등록번호 제 406-2003-036호
등록일자 1979. 5. 17.
주   소 경기도 파주시 문발로 197(우10881)
전   화 마케팅부 031-955-3102 편집부 031-955-3113~20
팩   스 031-955-3111

ⓒ 2019 한정영, 김고은
이 책의 저작권은 저자에게 있습니다. 저자와 출판사의 허락 없이 내용의 일부를 인용하거나
발췌하는 것을 금합니다.

값은 표지에 있습니다.
ISBN 978-89-349-9626-2
ISBN 978-89-349-7119-1(세트)

좋은 독자가 좋은 책을 만듭니다. 김영사는 독자 여러분의 의견에 항상 귀 기울이고 있습니다.
독자의견전화 031-955-3139 | 전자우편 book@gimmyoung.com
홈페이지 www.gimmyoungjr.com | 어린이들의 책놀이터 cafe.naver.com/gimmyoungjr

이 도서의 국립중앙도서관 출판시도서목록(CIP)은 서지정보유통지원시스템 홈페이지(http://seoji.nl.go.kr)와
국가자료공동목록시스템(http://www.nl.go.kr/kolisnet)에서 이용하실 수 있습니다. (CIP제어번호 : CIP2019021669)

어린이제품 안전특별법에 의한 표시사항
제품명 도서 제조년월일 2019년 6월 24일 제조사명 김영사 주소 10881 경기도 파주시 문발로 197
전화번호 031-955-3100 제조국명 대한민국 ⚠주의 책 모서리에 찍히거나 책장에 베이지 않게 조심하세요.